寂寞芳心小姐

〔美〕纳撒尼尔·韦斯特 著
Nathanael West
李宜屏 译

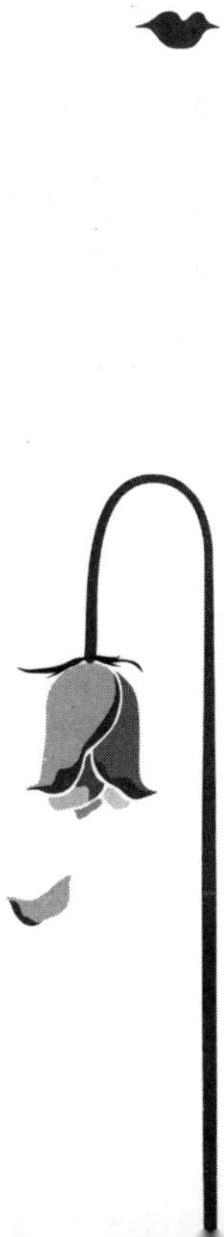

北京联合出版公司
Beijing United Publishing Co., Ltd.

纳撒尼尔 · 韦斯特

（Nathanael West，1903—1940）

作者简介

纳撒尼尔·韦斯特（Nathanael West）1903 年生于纽约，父母为来自当时俄属立陶宛的犹太移民，生长于美国的韦斯特乃家中独子，背负着父母对这块新大陆怀抱的美国梦。

1940 年与新婚妻子因车祸丧生，恰好就在文友菲茨杰拉德骤逝的次日。

一生共出版四部小说。大学时着手撰写实验性长篇《贝尔索·史奈尔的梦幻人生》（*The Dream Life of Balso Snell*），历时六年才完成出版，但考虑到题材与文风，出版商只印行了五百册，到韦斯特辞世为止还没能售完。

第二部小说《寂寞芳心小姐》（*Miss Lonelyhearts*），1933 年问世后深受名家好评，被认为是美国作家写美国的一大佳作，更被拿来与菲茨杰拉德的《了不起的盖茨比》（*The Great Gatsby*）相提并论。但迫于出版商破产只售出不到八百本。然而，本书不只为韦斯特奠定了一流小说家的地位，也成为他日后最受欢迎的作品。

1934 年出版长篇小说《百万富翁》(*A Cool Million*)，借天真而耿直的主人翁揶揄美国政治、美国神话与美国价值。韦斯特随后前往好莱坞从事剧本写作，当中包括改编《寂寞芳心小姐》。韦斯特的编剧收入远高于写作收入，但他一心以小说创作为最高理想。

1939 年出版生前最厚也是最后一部小说《蝗虫之日》(*The Day of the Locust*)，直陈好莱坞成名梦背后并不光鲜亮丽的真相，刻画美国群众梦想的集体幻灭，被誉为好莱坞小说中的最佳杰作(the best Hollywood novel)。但当时同样叫好不叫座，售出不到一千五百本。

韦斯特在世时从未享有盛名，只获得少数评论家的注意。1957 年，美国出版商出版《韦斯特全集》(*The Complete Works of Nathanael West*)，方使韦斯特渐为人知，《寂寞芳心小姐》与《蝗虫之日》更双双列入美国现代文学经典，进而译成十数种语言，备受推崇，影响深远。

你并不孤单。

每个角落都有一个残破的灵魂躲在暗夜里呐喊：救救我！

目录

帮帮我，寂寞芳心小姐，帮帮我

《纽约邮报》“寂寞芳心小姐”专栏（您有烦恼吗？您需要建议吗？来信给寂寞芳心小姐，她会为您排忧解愁）的作者正坐在桌前，望着一块白色硬纸板发呆。纸板上印着专题编辑史莱克题的祷词。

寂寞芳心小姐的灵魂赐我光辉，

寂寞芳心小姐的肉身予我养分，

寂寞芳心小姐的血液一饮即醉，

寂寞芳心小姐的眼泪洗净我心。

哦，好心的寂寞芳心小姐，请接受我的恳求，

让您的心成为我的避难所，

保护我远离仇敌，

帮帮我，寂寞芳心小姐，帮帮我，

直到永远。阿门。

再过不到二十五分钟就要截稿，他的进度却还停留在引言，目前为止写了：“生命的确有价值，因为人的一生不只有梦想与安宁，也有平顺与狂喜，更有火焰一般的信心，在阴森而黑暗的祭坛上燃烧，发出纯净而洁白的亮光。”到这里，他就写不下去了。读者来信不再有趣，同样的笑话一天看三十几遍，连续看几个月已索然无味。通常他一天收到的信件不止三十封，内容全都差不多，换汤不换药。

早上收到的信件堆在他桌上。他重新翻过一次，盼能做出诚恳的回复。

亲爱的寂寞芳心小姐：

我好痛苦，不知道该怎么办，肾脏痛到让我想自杀。但不管多痛，我丈夫认为好的天主教徒就应该生小孩。当初我从教会光荣地出嫁，不知婚姻为何物，没有人告诉过我男女之事。奶奶从未提及，我又没有一个妈妈来教我。奶奶不告诉我，真是大错特错，天真纯洁一点用处也没有，只会带来失望。我在十二年内生了七个孩子，第五胎的时候，我开始生病。开了两次刀，医生说再怀孕可能有生命危险，于是老公答应再也不生小孩，但从医院回来后他违背诺言，现在我又怀孕了。我觉得我撑不下去了，我的肾脏痛得不得了。我又病又怕，因为天主教徒不能堕胎，尤其是我丈夫那么虔诚。我整日以泪洗面，不知道该怎么做。

尊敬您的　厌世者

寂寞芳心小姐将这封信丢进开着的抽屉，点燃一根烟。

亲爱的寂寞芳心小姐：

我今年十六岁，我不知道如何是好，若您能告诉我该怎么办的话我会很感激。小时候我常被街上的小孩嘲弄，我都习惯了，所以不太在意。但现在我也想跟其他女生一样交男朋友，然后在星期六晚上出去玩，但是没有男生会约我，因为我生下来就没有鼻子。虽然我很会跳舞，身体线条很好看，而且我父亲常买漂亮衣服送我。

我成天坐着看自己，成天哭，我的脸中央有个大窟窿，这张脸连我自己都害怕，何况是别人？所以我不能怪那些男生不想约我出去。我母亲很爱我，但就连她看到我都会大哭。

我造了什么孽才会有这么悲惨的命运呢？就算我曾做错事，那至少也是一岁以后的事，为什么我生下来就是这模样？我问爸爸，他说他不知道，但或许是我上辈子做了坏事，或是我为爸爸的罪受罚。我不相信这种说法，因为爸爸是非常好的人。我应该自杀吗？

诚恳的　绝望者

那根有瑕疵的烟竟堵住抽不动了，寂寞芳心小姐把烟从嘴里拿出来，怒不可遏地瞪着它，竭力压下怒火，燃起另一根烟。

亲爱的寂寞芳心小姐：

我代替我小妹格蕾丝写这封信给你，因为她最近遇到很糟糕的事情，而我不敢告诉妈妈。我今年十五岁，格蕾丝十三岁，我们住在布鲁克林区。格蕾丝又聋又哑，身材比我高大，头脑不太灵光。她除了星期二和星期四要上聋哑学校以外，其他时间都在我们家屋顶上玩，母亲要她待在那儿，因为怕她笨手笨脚，跑出门会被车撞。

上星期有个男人爬上我们屋顶，对她做了肮脏的事。她跟我说了，但我不知道该怎么办，我怕告诉妈妈会害格蕾丝被毒打。我也怕她怀孕，昨晚我把耳朵贴在她肚皮上听了好一会儿，但听不见婴儿的声音。如果告诉妈妈，她会痛打格蕾丝一顿，只有我是唯一爱格蕾丝的人。上次妈妈把她的洋装撕破，罚她关在衣橱里两天。如果街上的臭男生听到这件事，他们会嘲笑我妹妹，像嘲笑被抓到尿裤子的康纳姐妹一样。所以，请问如果是您家人遇到这种事，您会怎么做呢？

诚挚的　哈洛德

他停下来不再读信。耶稣才是唯一的答案，但如果他不想惹人反感，最好别提起这档事。况且，耶稣是史莱克最喜欢开玩笑的话题。“寂寞芳心小姐的灵魂赐我光辉，寂寞芳心小姐的肉身予我养分，寂寞芳心小姐的血液……”他转向他的打字机。

纵使廉价的衣着还颇有型，但他看起来仍像个牧师的儿子。若再留把络腮胡子就更像了，宛如《旧约》中的人物。

但即使没胡子，别人仍旧看得出来他就是个新英格兰清教徒。他的额头又高又窄，鼻子修长又毫无血色，消瘦的下巴形状有如马蹄，史莱克跟他第一次见面便笑着说："苏珊·切斯特[1]、比阿特丽斯·费尔法克斯[2]，还有寂寞芳心小姐，是美国20世纪的牧师。"打杂小弟前来传话，说史莱克想知道稿子写好了没。寂寞芳心小姐朝打字机弯下身，开始敲键盘。

但还没写一行，史莱克就往他肩头凑过来。"又是老调重弹，"他说，"你为什么不写些有希望的新东西呢？告诉他们艺术的重要性。来，我来口述：

艺术是出口。

别让生活压垮你。当过去的路已经堵塞，堆满失败的破瓦时，应该寻找崭新的途径。艺术就是这样一条路。

1　20世纪初，《布鲁克林鹰报》（*Brooklyn Eagle*）以这个虚构的假名开设专栏，接受来函，为读者解决感情上的疑难杂症。
2　20世纪初，《纽约晚报》（*New York Evening Journal*）以这个虚构的假名开设专栏，接受来函，为读者解决感情上的疑难杂症。

艺术是苦难淬炼出来的结晶。正如蓄着络腮胡子的波尼可夫，在八十六岁时说要放弃已有的事业改学中文，“此时，人生才刚开始……”

艺术是生命最丰盛的献礼。

那些没有能力创造艺术的人，可以欣赏艺术；那些……

“从这里接下去写吧。”

寂寞芳心小姐与冷面笑匠

当寂寞芳心小姐停下手里的工作，他发现天气已经转暖，空气闻起来有种人工加热过的味道。他决定要散步到德勒汉蒂地下酒吧喝一杯，要走到酒吧必须经过一座小公园。

他从北门进入公园，拱门的沉重阴影当头罩下。路灯的影子如同长矛般映在街道上，他走进这影子里，那影子也如同一柄长矛般穿过他的身体。

如他所见，公园里并没有任何春天的迹象。枯枝腐叶覆盖在斑驳的路面上，不见任何生机。他记得去年五月时大地还是一片死寂，一直到七月，在艳阳的猛烈照耀下，奄奄一息的土地才勉强长出些许绿芽。

这小公园比他更需要“喝一杯”，而且无论是喝酒还是喝水都无济于事。明天他会在他的专栏里邀请心碎者、厌世者、绝望者、得了肺结核的幻灭丈夫和其他所有的来信读者，到这座公园，以他们的眼泪替这块土地浇水。如此一来，它就会长出花，长出有脚丫子味道的花。

“啊，人性……”他被沉重的阴影压着，这笑话便石沉大海了。他自己笑了几声试图挽救这早夭的笑话。

何必自嘲呢？史莱克已经在酒吧等着更用力地嘲笑他了。“寂寞芳心小姐啊，我的朋友，我建议你发石头给你的读者。当他们嚷着要面包的时候，不要像教会一样发饼下去，也不要学政府，告诉人民没面包的话可以吃蛋糕。你就告诉他们人不能单靠面包而活，然后给他们石头，教他们每天早上祷告的时候说：‘求主赐给我们日用的石粮。’”

他已经给读者太多太多的石头了，事实上，他自己只剩下一颗了——他的胆结石。

一阵疲倦突如其来，他找了张长椅坐下。若能将身上的那颗石头丢掉就好了。他朝天空寻找一个目标。但天空灰扑扑的，好像被肮脏的橡皮擦胡乱擦过一样。天空中没有天使、没有燃烧的十字架、没有嘴衔橄榄枝的鸽子，更没有轮中之轮的异象。只有一张报纸，像断了线的风筝在空中挣扎着。他起身，继续走向酒吧。

德勒汉蒂酒吧位于一间赤褐色砂石房子的地窖里，与其他体面的左邻右舍不同，它的大门是一扇厚重的钢铁门。他按下一个隐藏的门铃，就有人打开门中央的小圆窗。一只布满血丝的眼睛露了出来，犹如古董铁戒上嵌的红宝石般灼热鲜明。

酒吧只坐满一半。寂寞芳心小姐四处搜索史莱克的身影，所幸没有寻着。但在喝完第三杯酒，当他刚开始钻进酒精舒适温暖的怀抱时，史莱克突然捉住他的手臂。“啊，我年轻的朋友！”他嚷嚷道，“在做什么呢？八成又在郁郁沉思了吧。”

“行行好，闭嘴吧。”

史莱克兀自说下去：“病了，我的朋友，病了。别管十字架之死了，想想文艺复兴吧，那时候可没有像你这种忧郁小生。”他举杯，整个博尔吉亚家族[1]仿佛就在那只酒杯中。“我献上文艺复兴时代的精神，多精彩的时期！多壮观华丽的盛会！酒醉的教皇……美艳的情妇……私生子……”

他虽然动作夸张，却是面无表情。他在练一种喜剧演员常用的技法——冷面笑匠。不论他讲得多口沫横飞，面部表情始终如一。在他光亮死白的额头下，五官挤成一个没有生气的灰三角。

“敬文艺复兴！”他继续大喊，“敬文艺复兴！敬那泛黄的希腊手稿以及手臂光滑圆滚的情妇……这提醒了我，我在等一个仰慕者，一个很有内涵的大眼女孩。”当他强调“内涵”二字时，手还在胸前比画出两颗大乳房。“她在一家书店工作，你得瞧瞧她的臀部。”

寂寞芳心小姐不小心流露出不耐烦的神情。

“所以你不喜欢女人，是吗？耶稣是你唯一的爱人？他

1 Borgia family，意大利文艺复兴时期纵横宗教和政治圈的淫乱贪污家族。

是万王之王，寂寞芳心小姐的救赎……”

此时，幸运之神降临，史莱克等待的年轻女子走向吧台。她有修长的双腿、浑厚的脚踝、一双大手、健美的身躯、纤细的脖子，短发男生头衬出孩子气的脸庞。

“法克丝小姐，”史莱克边说边推着她鞠了个躬，像腹语艺人掌控手中娃娃似的，“法克丝小姐，这是寂寞芳心小姐。要像尊敬我一样尊敬他。他也是穷人心灵的安慰，并深深敬爱神。”

她以强而有力的握手回应史莱克的介绍。

“法克丝小姐，”史莱克说，“法克丝小姐在一家书店工作，同时也在写作。”他拍了拍她的臀部。

“你们刚才聊什么聊得这么起劲？”她问。

“宗教。”

“我要来杯酒，你们继续聊。我对新的托马斯理论很感兴趣。”

她这一说正中史莱克下怀。“圣托马斯！”他大叫，“你把我们当什么了？臭知识分子吗？我们可不爱来欧洲人那套。我们刚才是在讨论耶稣，寂寞芳心小姐的救赎者。美国人有自己的宗教。如果你需要理论，这里有现成的参考资料。”他从皮夹里拿出一张剪报，往吧台桌上一拍。

“计算机现身西方教派宗教仪式中……以数字为杀害隐居老人的凶手祈祷……科罗拉多州，丹佛市，二月二日（美联社）美国自由派教会总会长弗兰克·莱斯不顾该教派主教的反对，宣布将为杀人犯威廉·摩亚进行‘代罪羔羊与计算机’计划。莱斯说，摩亚在 6 月 20 日被处死后将举行‘披麻蒙尘’礼拜，那只羔羊便会在礼拜中献上。他们将利用计算机为凶手灵魂献上祷告。莱斯指出，数字是唯一的世界语言。摩亚在一场为了小钱的口角中，杀害了隐居老人约瑟夫·曾普。”

法克丝小姐笑了，史莱克举起拳头像是要抡向她。这动作可吓坏了酒保，赶紧请他们坐到店后面去。寂寞芳心小姐不想跟过去，但史莱克相当坚持，他便懒得抵抗了。

他们坐在一个小包厢里。史莱克再度举拳，正当法克丝小姐往后一仰，史莱克手势便转为温柔的抚摩。这招一试便奏效。她任凭他的手在她身上游移，直到他太过火，才将他推开。

史莱克又嚷嚷起来，这次寂寞芳心小姐终于明白这位冷面笑匠正在上演求偶戏。

“我是个大圣人，”史莱克大叫，“我能凭自己的双脚走在水上。你没听过史莱克在午餐餐馆的狂热演说或在冷饮吧台的慷慨发言吗？当时，我将基督身上的伤口比喻为一个神奇的口袋，人们把自身的罪过像零钱一样地存放进去，这比喻好极了。但我们来想想人体身上的洞，为什么会有这些先天的伤口？每个人皮肤里都藏了不可思议的丛林，血管如同茂密的热带植物爬满衰萎的器官，也布满细瘦的肠道，红黄相间地扭曲纠缠着。丛林里住着一只名叫灵魂的小鸟，它轻快地从石头灰的肺飞到金黄色的小肠，灵巧地来回穿梭于肝肺之间。天主教徒凭借面包和酒捕捉这只鸟，犹太教徒凭借黄金准则，新教徒凭借沉重的言行规范，佛教徒凭借的是手势，黑人凭借的则是鲜血。我完全唾弃他们。呸！而且我呼吁你们和我一起唾弃。呸！你会把鸟做成标本吗？不,亲爱的，制作动物标本可不是我的信仰。绝不！我能说上千万遍的不！我告诉你们，宁可在身体丛林里当只活鸟，也不当书桌上的动物标本。”

他“讲道”时，手在她身上也没闲着。讲到最后，他将他的三角脸埋在她脖子里，像是把短斧砍了进去。

寂寞芳心小姐与羔羊

寂寞芳心小姐搭了出租车回家。他独自居住的房间里满是阴影，看起来活像一幅老旧的钢板雕刻。家具包括一张床、一张桌子和两张椅子。墙壁空空荡荡，只有一尊象牙基督像挂在床尾墙壁上。他把基督像从原本的十字架上拿下来，然后用大钉子把它钉回墙上。但效果却不如预期，基督像没有痛苦扭曲，只是静静地装饰着空空如也的墙。

他立刻脱去衣物，拿了根烟和一本《卡拉马佐夫兄弟》到床上。书签夹在献给佐西玛神父的那章。

要爱罪人，因为这是神圣的爱，至高无上。要爱神所造的一切。飞禽走兽，一花一木，都要去爱。如果你爱万物，即能领会万物的奥妙。一旦心领神会，感受将日益加深，最终你会用无尽包容的爱来爱全世界。

这真是绝佳的建议。如果他真的这么做，一定会非常成功。他的专栏会在全世界发表，人人都将学会如何去爱。神的国度将会到来，而他会坐在耶稣的右边。

不过认真一想，就算史莱克没有对他的基督信仰冷静客观地提出反对，他这样自欺欺人也不会带来什么好处。他有不同的使命。小时候在他父亲的教会里，他就发现，当他呼喊基督的名字时，内心会有股神秘且强大的力量翻搅着。他曾经暗自反思、玩味这股力量，只是从未让它破茧而出。

他现在知道这就是歇斯底里，正如一条蛇镜子般的鳞片，让真实世界虚幻地反映其上。而这世界又是多么死寂……一个又一个的门把手。他不知道值不值得冒上歇斯底里的代价，来带给这世界生命。

对他而言，基督信仰是最自然的兴奋剂。他定睛凝视墙上的耶稣像，开始颂祷："基督，基督，耶稣基督。基督，基督，耶稣基督。”但当脑中那条蛇要出动的时候，他又退却并闭上眼睛。

他睡着后，梦到自己在一个观众很多的剧院的舞台上，表演用门把手变魔术。在他手中，这些门把手会流血、开花，还会说话。表演结束后，他试着带观众一起祷告。但无论怎么挣扎，他的祷告词居然是史莱克曾教过他的，听起来就像售票员在报站似的。

“噢，主啊，我们不是用酒、水、尿液、醋、火、油、古龙水、牛奶、白兰地或硼酸来洁净自己。噢，主啊，我们只用羔羊的宝血。”

梦里的场景变了。他发现自己身在大学宿舍里，一旁有史蒂夫·嘉维和贾德·休谟。他们从半夜就在辩论上帝是否存在，一直辩论到天亮。现在威士忌喝完了，他们决定到市场去买些苹果白兰地。

他们一路从沉寂的城镇走到开阔的田野。当时是春天。阳光和蔬菜幼苗的味道醒了他们的酒，他们在运货推车间旋转嬉闹。农夫们不把他们的玩闹当恶作剧。大学男孩饮酒作乐罢了。

他们找到卖私酒的小贩并买了一加仑苹果白兰地，接着漫步到卖牲畜的地方。他们停下来逗着羊儿取乐。贾德建议大家买只羊到树林里烤来吃，寂寞芳心小姐同意了，但提出必须先将羊献给神。

大家派史蒂夫到刀铺买把屠刀，其他人留下和羊商议价。经过又长又臭的争执，贾德展现出他待过农场的训练成果，挑选了一只最年幼的羊，这只小小动物的腿又僵又直，头大身体小。

他们抬着羊招摇过市。寂寞芳心小姐走在第一个，手里拿刀，史蒂夫拎着酒，贾德提着羊跟随在后。行进时，他们嘴里还哼着改编成猥亵版本的《玛丽有只小绵羊》。

在市场和要献祭的交角中间有块草地。经过草地时，他们一路摘了些雏菊和金凤花。半山腰上，他们看到一块岩石，把摘来的花铺在上面，然后将小羊放在花上。大家推派寂寞芳心小姐当祭司，史蒂夫和贾德当左右手。他们举起羊的时候，寂寞芳心小姐朝那只羔羊弯下身来吟诵。

“基督，基督，耶稣基督。基督，基督，耶稣基督。”

说到激动处，他大力将刀往下一切。这一刀没划准，划出了一道伤口。他再度举刀，这次羔羊奋力挣扎，于是再度偏失，刀子撞到祭坛，敲断了。史蒂夫和贾德将动物的头押回来，好让他能往喉咙割，但刀子只剩下一小段还附着在刀柄上，他切不断粗厚的羊毛。

他们的手沾满又黏又滑的血，一个没抓牢让羊给脱逃了。它爬进矮树丛里。艳阳照在石头祭坛上，投下细长的影子，现场显得阴森森的。他们拔腿就跑。往下坡拼命冲，直到跑回草地上，气喘如牛地跌进高高的草丛间。

过了一段时间，寂寞芳心小姐求他们回去帮那只羊做个了断。他们不愿意。于是他自己回去,并在一片树丛下找到它。他用石头敲碎它的脑袋，将尸体留给祭坛布满鲜血的花朵上的那群苍蝇。

寂寞芳心小姐拙口笨舌

寂寞芳心小姐发现自己渐渐对凡事皆要求井然有序到了近乎疯狂的地步。一切都要有条有理：床底的鞋要摆好、柜里的领带得排好，就连桌上的铅笔也马虎不得。他望向窗外，一个接一个的大楼屋顶要平衡地排出一条天际线才行。这时若飞来一只鸟，坏了他的天际线，他就会怒而闭目，直到那只飞禽从视线消失为止。

有一阵子他似乎还能称心如意，但某天居然诸事不顺。那天，所有他试图控制的无生命物体都起而造反。他碰到的东西不是翻倒就是掉落。领口的扣子掉到床底找不到，铅笔的笔尖应声折断，刮胡刀的刀柄脱落，窗帘也不听话地拉不下来。他反抗着，却施力无方，最后被突如其来的闹铃硬生生宣判反抗失败。

他逃到大街上，只见混乱由四面八方而来。人们三三两两快步走过，七零八落地不成个队形。路灯与路灯之间的距离乱七八糟，人行砖也大小不一。马路上汽车铿铿锵锵作响，街道小贩扯开嗓门叫卖，让他忍无可忍。他找不到任何字词形容这种噪声，没有任何准则可赋予这混乱意义。

他静静地靠在一面墙上，试着不去看也不去听。然后他想起了贝蒂。每当她帮他整理领带的时候，似乎也整理了他的心情。他也曾想过如果贝蒂的世界能宽广一点，倘若她能活在真实的世界里，她或许能像整理自己的梳妆台般将世界理出一番头绪。

他将贝蒂的地址递给出租车司机，吩咐他开快点。但她住在城里的另一头，等到出租车终于抵达贝蒂家时，他的惊恐已转为恼怒。贝蒂应门时穿着一件缇有棕色边的洁白亚麻浴袍。她张开双臂迎接他，她的双臂圆润如经海水冲磨的浮木。

一回神，他想到自己向来是吃硬不吃软的。贝蒂才是他批评的对象。她活在与现实脱轨的世界里，永远不会了解他专栏的读者们在想什么。凡是她不认可的事物，她都不想去体验。再者，比起将她的小世界打理得井然有序，他比这大世界的许多问号显得重要得多。

为了回应贝蒂热情的迎接，他试着说些什么，但舌头却不听使唤。为了避免交谈，他笨拙地凑上去吻了她，事后又觉得不得不道歉。

“我知道，这旧情人的例行公事真是够了，我……”他故意停顿了一下，好让她觉得他这样的不知所措是种真情流露。但这个伎俩并没有成功，贝蒂仍等着他说下去。

“请和我一起共进晚餐吧。”

“恐怕不行。”

她的微笑转为大笑。

她在嘲笑他。出于防卫,他仔细检视着笑中是否带有“苦痛”“酸葡萄”“心碎”，甚至是“漫不经心”的成分在。但令他困惑的是，他看不出任何端倪，无法给他反击的理由。她的笑不是像开伞般戏剧性，而是自然而然地笑开了。他看着她的大笑又恢复到微笑，始终看不出一丝讽刺、挖苦或故弄玄虚。

当他们走进客厅时，他更加烦躁了。她弯起腿、挺直背，坐在单人沙发床上，身后柠檬黄的壁纸上一株银色的树开满了花朵。他则继续站着。

“贝蒂佛陀，”他说，“贝蒂佛陀。你已经有庄严的笑容，就差一个大肚皮了。”

他被自己声音透露出的恨意吓到。他又沉默地烦躁了一会儿，终于坐到她身边，握着她的手。

两个多月前，他也坐在同一张沙发上向她求婚。她答应了，两人一起计划婚后的生活，他主外她主内，他的拖鞋要放在火炉边，她要洗手做羹汤。在那之后他便开始躲避她。他不感到罪恶，只是气自己居然会相信婚姻能解决问题。

他很快又厌倦牵手，烦躁起来。他记得上次来找她，最后他将手伸进她衣服里。由于想不到还能做些什么，他便重复了上次的动作。他将手伸进她浴袍里，摸到了她的胸部。

她似乎完全没有意识到他的手。他以为她会赏他一巴掌，但就连抓住她的乳头，她都不动声色。

“让我摘这朵玫瑰，”他边说边用力一拉，“我要把它戴在我胸口。”

贝蒂伸手摸摸他的额头。“怎么了？”她问，“病了吗？”

他突然指手画脚地对她大吼起来，手势之标准像个老派的演员。

“你真是个贱货。每当有人表现出邪恶的一面，你就说他病了。虐待妻子、强暴小孩的人对你来说都是病人。无关道德与否，只有药物。我没有生病。我不需要你的鬼止痛剂。我有基督情结。人性……我爱人性。所有这些心灵残缺的混账……”他最后狗吠般局促地笑了一声。

她离开沙发，移到一张红色椅子上，衬垫撑得这张椅子鼓鼓的，紧绷绷的弹簧简直要戳破表面。在这仿佛张牙舞爪的皮椅上，佛陀的宁静之容已消失殆尽。

他的气还没消。“怎么了，亲爱的？”他问着，并威胁性地拍了她的肩膀，“你不喜欢我的演说吗？”

她没有回答，只是举起双手保护自己免于中箭，就像只让人不忍伤害的无助小猫。

“怎么了呀？”他一再追问，“怎么了？到底怎么了？”

她的表情像个没经验的赌徒准备押上全部筹码的样子。他转身拿帽子，她说话了。

“我爱你。”

“什么？”

没想到还得重复一次，让她稍乱了方寸，但仍保持冷静。

“我爱你。”

“我也爱你，”他说，“爱你和那含泪而笑的表情。”

“让我一个人静一静吧。”她哭了起来，“在你来之前我好得很，现在我觉得糟透了。走开，拜托你走吧。”

寂寞芳心小姐与干净的老屁股

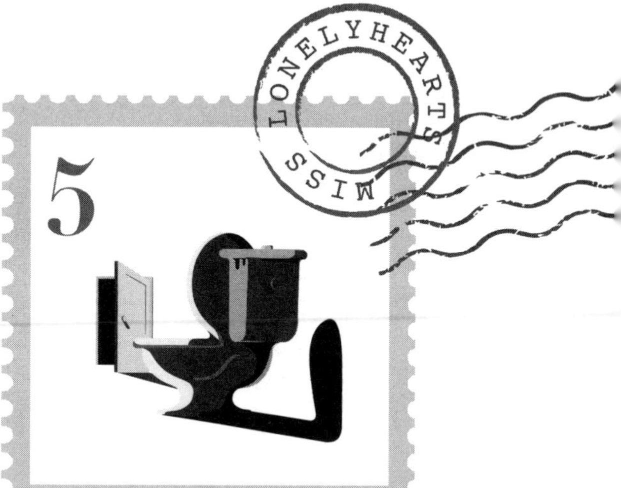

再度回到街上，寂寞芳心小姐不知道接下来该做什么。他太兴奋了，所以吃不下，又不敢回家。他觉得他的心脏像颗炸弹，一颗复杂的炸弹，终将爆炸，震荡这个世界，却又不造成任何影响。

他决定去德勒汉蒂酒吧喝一杯。在酒吧里，他看见一群认识的朋友。他们和他打了招呼又继续聊天，其中一位正抱怨女性作家愈来愈多。

“而且她们的名字都很复杂，”他说，“玛丽·罗伯茨·韦尔考克斯、埃拉·惠勒·凯斯特、福特·玛丽·莱茵哈特……”

有人起了个头，大家就开始加入，大意是这些女人其实只需要好好被强暴一番。

“我认识一个原本很正常的女性，在她加入某文艺团体后就变了。她开始帮一些小杂志写文章，说什么美貌害了她，还甩了在保龄球馆工作的男友。她男友的朋友们看不过去，有天晚上把她带到空地，一共八个人，好好地‘修理’了她……”

“另一个女作家也发生了类似事件。这铁娘子进门来，操着一口假英国腔，打算达成目的就走人。她和酒吧里许多老粗厮混，想为小说搜集资料。这些老粗还没意会过来自己竟有这等利用价值，以为她只是一般女人，直到酒保点醒他们，他们就带她到后面的房间要‘教训’她。他们把她关了三天，最后一天甚至还售票给黑人佬进来观赏……”

寂寞芳心小姐听不下去了。那群人嘴巴不会停，直到他们醉到不省人事为止。他们对这幼稚行为有自知之明，却不知还有什么其他方式能报复自己。大学时期，或许毕业后的一年里，他们还相信文学，还坚信真善美是表达个人的最终方式。当他们失去这个信仰，就失去了一切。他们曾是淡泊名利的人，不受金钱权势的影响。

寂寞芳心小姐不断地喝。脸上挂着一种天真、愉悦的笑容，像是一个叛乱者坐在电影院里，口袋还装着炸弹。他身旁的人们一点也不知情。再过一会儿他就要出发去刺杀总统。

当他听到自己的名字时，又收起笑容，竖起耳朵听他们的对话。

“他是愿意舔麻风病患的人，史莱克说的。酒保，给那位绅士一杯麻风病调酒。”

“如果没有麻风病口味，给他匈牙利人口味也行。”

“他的毛病就出在对上帝的看法上。他的文学味太浓了——圣歌、拉丁诗歌、中古世纪画作、海斯曼[1]的著作、彩绘玻璃等鬼东西。”

“就算他真经历过上帝的神迹，那也是他个人的事，只有心理学家会对这无意义的事感兴趣。”

1　J.K Huysman，法国 19 世纪的讽刺小说家。

“他的问题和我们一样，就是没有物质生活，只有精神生活，而这是不可避免的。”

“他是个逃避现实的人。他想耕耘心灵的花园。但你不能逃避现实，不然这心灵花园的果实要卖给谁呢？这种农业委员会真是失败。”

“我是说，大家都得讨生活。我们不能一窝蜂信上帝，像农夫他们哪里在乎什么艺术？他们赤足感受丰饶土地的温暖。你在教会可不能脱鞋。”

寂寞芳心小姐浮现一抹微笑。这些史莱克的替身，不过是制造笑话的机器。纽扣机器就只能做纽扣，不管他们是人力、蒸汽还是电力发动的。无论动力是要抨击死亡、爱或是上帝，这些人就只能嬉闹过日。

“难道这些废话就是他们的唯一障碍？”他自问，“难道连这点微不足道的障碍都无法超越？”

威士忌相当顺口，使他感到温暖且安心。透过淡蓝色的烟雾，桃花心木制的吧台像湿润的黄金般闪耀。上面的酒杯和酒瓶闪烁光芒，当酒保将它们碰在一起时，叮当声响此起彼伏。他忘了只要一想到童年发生的那件事，他的心就变成一颗炸弹。有个冬天夜晚，他和妹妹一直在等父亲从教会回家。当时她八岁，他十二岁。在吃饭和玩游戏的空当，他们一时担忧起来，于是他坐到钢琴前弹奏莫扎特的曲子。他妹妹放下手中的图画书,随着音乐起舞。她在这之前从未跳过舞。她庄重地舞着，舞步简单又正式。寂寞芳心小姐站在酒吧旁，跟着记忆中的音乐舞动起来，他想到儿时跳舞的景况。一开始是方形舞步，后来是椭圆舞，再后来是圆舞；全世界每个小孩都一起隆重而温馨地舞动着。

他转身要离开吧台时，不小心撞到手拿啤酒的男人，正想开口道歉就挨了一拳。后来他坐到靠后的包厢里，发现牙齿松落了。他还想不透为何戴不下自己的帽子，原来是后脑勺肿了个大包。他一定是摔倒了,那个人比他想象中更有力气。

他的愤怒以天旋地转之势直冲脑门。这关上帝什么事？又关认真跳舞的小孩什么事？不如叫史莱克把他调到体育版好了。

奈德·盖茨进来看他的状况，并建议他出去透透气。盖茨也喝得酩酊大醉。当他们一起离开酒吧时，发现外面正下着雪。

寂寞芳心小姐的愤怒瞬间像雪一样变得又湿又冷。他和盖茨低着头蹒跚而行，漫无目的地在任意一个街角转弯，一直走到那小公园前。公厕里透出亮光，他们走进去取暖。

一个老翁坐在其中一个马桶上。那间厕所的门突然打开，他就坐在马桶盖上。

盖茨向他打招呼："哎呀呀，很舒服嘛！"

那老翁害怕地跳起来，好一会儿才说得出话："你要做什么？请放过我吧。"

他的声音像吹不出声的笛子一样。

"没有女人陪不要紧，找个干净的老屁股也行。"盖茨唱着。那老翁看似要哭了，但又突然笑出来。笑着笑着竟咳嗽起来，从肺部深处咳上来，撕裂他的喉咙。他转身抹一抹嘴。

寂寞芳心小姐想把盖茨拉离厕所，但他坚持将老翁带走。他们一起抓住老翁，把他从那间厕所拉出来，拉出公厕。老翁全身瘫软，咯咯笑了起来。寂寞芳心小姐努力克制想揍他的冲动。

雪停了，气温随之骤降。老翁没穿外套，还说冷天让他精神抖擞。他拄着拐杖并戴着手套，说是讨厌双手冻红。后来他们并没有回德勒汉蒂，而是去了公园旁边一家意大利酒馆。

老翁想说服他们点咖啡，但他们叫他别管闲事，只顾点了裸麦威士忌。这烈酒刺痛了寂寞芳心小姐冻裂的嘴唇。

盖茨看不惯老翁拘谨的样子。“听着，”他说，“别装模作样了，说说你的故事吧。”

老翁试着挺起胸膛来，却徒劳无功。

“哎呀，快说呀，”盖茨说，“我们都是科学家。他是哈维洛克·艾利斯，我是克拉夫特·埃宾[1]。你何时发现自己的同性恋倾向？”

“先生，你这是什么意思？我……”

1　艾利斯（Havelock Ellis）和埃宾（Krafft Ebing）皆为著名性学家。

"对，我知道，但你看起来为何和其他男人不同呢？"

"你怎么敢……"他愤怒地尖起嗓子。

"好了，好了，"寂寞芳心小姐说，"他不是故意要侮辱你。科学家都没什么礼貌……不过，你真的是个变态，对吧？"

老翁举起他的拐杖要打人。盖茨从后头抓住，将拐杖抢走。老翁开始狂咳，拿起黑色缎子领带遮住嘴巴，即使这样，还是止不住咳。他拖着身子走到后面包厢的椅子前，然后坐下。

寂寞芳心小姐几年前不小心踩到一只青蛙时，也曾有过这种感觉。看到流出来的内脏，他心里满是愧疚。但当他真正意识到青蛙的痛苦时，怜惜之情却转为愤怒，便狂打这动物至死。

"我要逼那混账东西供出自己的故事！"他大叫着朝老翁追过去，盖茨边笑边跟上去。

看着他们靠近，老翁立刻站起。寂寞芳心小姐抓住他，把他押回椅子坐好。

"我们是心理学家，"他说，"我们想帮助你。你叫什么名字？”

“乔治·B. 辛普森。”

“B 代表什么？”

“布拉姆霍尔。”

“请报上年龄与就诊原因？”

“你有什么权力过问这些？”

“科学给我权力。”

“别闹了，”盖茨说，“这老屁股都快哭了。”

“不行，埃宾先生，探讨科学时绝不能容许情感的干扰。”

寂寞芳心小姐伸手揽住老翁，语气带有同情的意味：“告诉我们你的故事吧。”

“没什么好讲的。”

“当然有，人人都有自己的故事。”

老翁啜泣起来。

“对，我知道你的故事很悲伤。说吧，可恶，快说。”

老翁仍保持沉默，寂寞芳心小姐伸手扭他的手臂。盖茨试图阻止，但他不放手。他想扭开的是那病态和可悲、破碎和背叛、难以言喻的和无能为力的一切，也如同在逼迫绝望者、心碎者、厌世者和得了肺结核的幻灭丈夫这些读者面对的现实。

老翁尖声大叫，有人拿椅子从寂寞芳心小姐背后砸了下去。

寂寞芳心小姐与史莱克夫人

寂寞芳心小姐和衣躺在自己的床上，就像他前晚被甩的时候一样。他头疼得厉害，他的思绪在脑中翻滚，形同永无止境的同心圆。当他睁开眼睛时，发现房间正是另一个圆，与他的头疼一起翻滚。

从他躺着的地方能看见闹钟，当时是三点半。电话突然响起，他掀开发臭的被褥爬起来接。史莱克问他今天来不来上班。他说昨晚喝醉了，但会尽量赶到。

他缓缓脱掉衣服泡了个澡。热水让他的身体放松了，但他的心仍像一团冻结的脂肪。擦干身体后，他看见药柜里剩下一点威士忌，便喝掉了。酒精只温暖了脾胃的表层。

他刮了胡子，穿上干净的衬衫和烫好的西装外套，出门找东西吃。第二杯滚烫的咖啡下肚后，已经来不及去上班了。但他处之泰然，史莱克绝不可能炒他鱿鱼。他可是史莱克的最佳嘲弄对象。为了能被开除，他也曾在专栏中建议读者去自杀。史莱克只说："请记得你的任务是增加订报人口。自杀虽是合理的建议，却会使订报人口减少。"

他付了早餐的钱后便离开餐馆。运动运动或许能让他暖和起来。他决定快步走一下，但才走到小公园就累了，于是坐在长椅上休息，对面有块美墨战争的纪念碑。

这块石碑在他前方的走道上映出又直又长的影子。他一直傻傻地盯着那影子看，一没注意，它已拉长得不像话，不像一般影子的长度。他心生恐惧，立刻抬头看那纪念碑。残阳下，石碑又红又巨大，好像火山随时会爆发。

他快速起身离开，走回街上时不禁笑了出来。他试过借由热水澡、威士忌、咖啡、运动来放松，却忽略了性爱。他真正需要的是个女人。他又笑了，想到大学时他的朋友都说性爱能安抚情绪、放松肌肉、让血液循环畅通。

但他只认识两个会容忍他的女人。他已搞砸和贝蒂上床的机会，只剩下玛丽·史莱克有这个可能了。

当他亲吻史莱克的太太时，他便觉得自己不那么孬。她回应他的吻是因为她恨史莱克。就算如此，史莱克还是占了上风。无论寂寞芳心小姐如何向玛丽求欢，她总是拒绝。

虽然玛丽总发出呻吟并露出挣扎的眼神，但绝不承认接吻就代表她想和他做爱。他若逼她更进一步，她就生气。他认为她会发出呻吟纯粹是他用力亲吻她时她身体产生的变化所致。她的身体会散发出一种味道，使她耳后和脖子上的人工花香香水更浓郁。他自己身上倒没发生过类似的变化。如同死人一般，只有摩擦能让他温暖，唯有暴力能给他活力。

他决定到德勒汉蒂喝几杯，然后打电话给玛丽。时间还早，酒吧没有其他客人，酒保帮他倒酒后又继续读报。

酒吧后方的镜子上，挂着一张矿泉水广告海报。海报上是个裸女，脚底涌起的泉水遮住她的私处。画这张海报的人特别仔细地处理胸部，使它们看似戴着两顶小巧的红帽。

他试图想象玛丽抚玩乳房的画面，好让自己兴奋起来。她会像古代的宠妓用扇子调情般以胸部诱惑男人。她的其中一招，就是戴一条长过胸部下方的项链。当他要求看链坠时，她不把链子取出来，而是往前弯下让他看。虽然他常要求看那坠子，但从没想过这背后的含意。

他迟迟兴奋不起来，只觉得比想起这女人之前还冷。真是失常。不过因为没有其他办法，他只好坚持下去，打了电话给玛丽。

“是你吗？”她问，接着又抢在他回话前说，“我马上就得见你。我刚和他吵架了，这次我真的受够了。”

她总是喜欢抢话，她的热切使他不得不平静以对。“好吧，”他说，“几点？在哪里碰面？”

“哪里都好，我受够那个臭男人了，我说真的，我不玩了。”

这不是她第一次和史莱克吵架，他知道除了得到几个吻，还得听上一长串的抱怨。

“你想来德勒汉蒂找我吗？”他问。

“不了，你过来吧。这样我们可以独处，反正我还得先洗澡换衣服。”

他去她那边，搞不好会发现她正坐在史莱克的大腿上。

他们会很高兴看到他，然后三个人一起去看电影，玛丽会偷偷在座位下和他牵手。

他回酒吧又喝了一杯，带走一大瓶苏格兰威士忌，出门坐上出租车。是史莱克来开门的。虽然这是预料中的事，他仍感到尴尬，试图假装自己烂醉来掩人耳目。

“快进来吧，私闯民宅的家伙。”史莱克笑着说，“我太太再过一会儿就出来了，她正在泡澡呢。”

史莱克将他手中的酒拿走，拉出软木塞。接着拿出气泡水，调了两杯气泡威士忌。

“所以说，”史莱克举起酒杯，“原来你喜欢这类的东西呀？威士忌配上老板的老婆。”

寂寞芳心小姐向来不知道怎么答他的话。他的响应内容总是太普通，而且一直老调重弹。

“我当你是在做实地访察，”史莱克说，“这瓶威士忌你可别报公司的账。公司希望看到用心工作的年轻人，而你总是光说不练。”

寂寞芳心小姐终于不顾一切予以反击：“那你呢？出手

打老婆的老浑蛋。”

史莱克笑了，笑了很久又很大声，接着仰天长叹。“唉，小子啊，你错了。”他说，“打人的是玛丽。”

他喝了一口酒，再次长叹：“我的好友，我想和你谈心。我喜欢坦率地聊天，但现在找不到几个这样的对象了。大家的防卫心都很重。我想倾诉内心真言，一吐胸中不快。清出心里的‘垃圾’总比让它们在灵魂深处发臭来得好。”

他讲话的时候还一边点头与眨眼，显然想让人相信他是非常单纯的人。

“我的挚友，你的指控伤了我。你们这种性情中人误以为全世界只有你们受苦。但你错了。虽然我享受鱼水之欢，我也会受苦。就是因为太难受了，才把我推向法克丝小姐那样的人怀中。没错，我也在受苦。”

冷面笑匠的表情突然解冻，他的语气满是痛苦：“她很自私。这自私的贱女人。我们结婚时她还是个处女，之后她仍努力维持。和她睡觉像是胯下藏把刀似的煎熬。”

终于轮到寂寞芳心小姐笑了。他将脸凑近史莱克的脸，使劲大笑。

史莱克想忽略他，试着以说笑话的方式将他的一席话讲完。

“她宣称我强暴了她。你能想象威利·史莱克，小小的威利·史莱克，会去强暴别人？我跟你一样，都是有情有义的爱人。”

玛丽穿着浴袍走进来。她靠近寂寞芳心小姐，说：“别跟那头猪讲话。带你的威士忌跟我来。”

当他跟着她走进房间时，他听到史莱克用力摔前门的声音。她走进更衣室穿衣服，他则坐在床上。

“那头猪跟你说了什么？”

“他说你自私——在性方面很自私。”

“他竟敢这么说。你知道他为何让我跟别的男人出去吗？为了省钱。他知道我和别人亲热，回家时就欲火焚身，然后他就爬上我的床，要求我和他做那档事。那下三烂的浑蛋。”

她穿着一件黑色蕾丝睡衣从更衣室走出来，并在梳妆台前整理头发。寂寞芳心小姐弯下腰来亲吻她的颈背。

“好了，好了，”她嬉耍似的说，“你会弄乱我的头发。”

他直接就着瓶子喝了一口威士忌，然后调了杯气泡威士忌给她。当他把酒拿给她时，她亲了他一下，以示答谢。

“我们要去哪里吃？”她问，“去可以跳舞的地方吧！我想尽情享受。”

他们搭出租车到一个叫作“高楚人”的舞厅，乐团正在弹奏古巴的伦巴舞曲，一位穿着像南美牛仔的服务生将他们带到座位上。玛丽立刻浑身西班牙风情，慵懒又奔放。

浪漫的气氛却更显他内心冷漠的疏离感。他试图压抑这感觉，告诉自己这样太孩子气。他那善解人意的心到哪儿去了？吉他、鲜艳的披肩、异国风味的食物、异国情调的服装——这些都是商人织梦的玩意儿。他已学会不去嘲笑那些广告；教人如何写作、画漫画、成为工程师、拥有健美的肌肉以及让胸部更丰满。他早该知道来这舞厅的人，以及那些想成为作家、艺术家、穿着皮靴的工程师、想以强而有力的握手让上司另眼相看的人，还有想让帅哥把她们雄伟的胸部当枕头躺的女人，和那些来信向寂寞芳心小姐求救的人没有两样。

这个地方无法舒解他极端的恼怒。到目前为止，他的梦想总是落空，不论那梦想多小。“我喜欢这地方，”玛丽说，“我知道这里有点做作，但气氛很愉快，我想开心一点。”

她一本正经地做出一连串不带感情的姿势，对他表示感谢。她身上穿的是一件紧身亮面洋装，看似罩着玻璃的金属，而哑剧似的表演动作生硬得犹如机器人。

“你为何想开心一点？”

“有谁不想？除非有病。”

他病了吗？他专栏的读者，像一股汹涌的寒流，淹过舞厅的音乐，淹过鲜艳的披肩和活泼的服务生，也淹过她闪亮的身体。为了甩掉这幻想，他要求看她的链坠。如同小女孩搀扶老伯伯过马路一般善心，她身体向前倾，让他沿着脖子看进洋装里。在他什么都还没看到的时候，一名服务生就出现在桌旁。

“想开心一点，就要让别人开心一点。”寂寞芳心小姐说，“和我上床吧，我会乐得跟条小狗一样。”

他萎靡的语气让玛丽轻易地忽略他的请求，并感染了沮丧的心情。“我过得很不顺，”她说，“打从呱呱坠地就这样。小时候我目睹母亲过世。她得了乳腺癌，非常痛苦，死的时候是趴在桌上的。”

“和我上床吧。”他说。

“不，我们来跳舞。”

“我不想跳舞。跟我说你妈妈的事吧。”

“她死的时候是趴在桌上的。当时她痛到必须爬下床才断得了气。”

玛丽身体往前倾，表演她母亲是如何过世的，而他再度看了那链坠。他看到边缘有刻字，但看不清刻了些什么。

“我父亲对我母亲很残忍，”她继续说，“他是个肖像画家，很有才华，可是 ……”

他没再往下听，试着让他那颗伟大的心灵发挥善解人意的作用。父母也是织梦的好帮手。我父亲是俄罗斯王子、是印第安酋长、是澳洲绵羊大亨，我父亲投资股票输掉家业，我父亲是个肖像画家。像玛丽这样的人一定得编故事。他们说着这样的故事，因为除了衣服、赚钱或是电影，他们也想聊一些有意境的话题。

她说完后，他说："你这可怜的孩子。"并弯过去再看那链坠一眼。她拉低洋装领口好让他看清楚，这次他看到上头写的字了：波士顿拉丁学院一百米短跑冠军。

那是个微小的胜利，当她说要离开舞厅时，疲惫的他欣然答应。在出租车上，他再次向她求欢，她拒绝。他像是个雕塑家拿手中的陶土出气般，用力搓揉她的身体，但他抚摩的手法太过头，导致两人毫无感觉。

在她公寓的门前，她转身要吻他，并压住他。他原本的冷感突然闪出火光。他拒绝放她走，试着要让这火花成为熊熊火焰。在一个久久的湿吻后，她将他的嘴巴推开。

"听我说，"她说，"我们不能停止交谈。一定要继续讲话。威利大概听到电梯的声音，正从门后偷听。你不了解他。如果他没听到我们交谈，他就知道你在亲我，然后会打开门。这是他的老伎俩。"

他紧抱着她，绝望地不让那火花熄灭。

"别吻我的嘴，"她要求着，"我得说话。"

他亲了她的脖子，然后褪去她的洋装来吻她的胸部。她不敢抗拒却又得继续说话。

“我母亲死于乳腺癌，”她以坚强的语气说，像一个在宴会中朗诵的小女孩，“她死的时候是趴在桌子上的。我父亲是个肖像画家，他过着享乐的生活。他对我母亲非常坏。她得了乳腺癌。她 ……”他脱去她的衣物，她咕哝着重复说过的话。她的洋装掉落在脚边，他脱下她的内衣，直到毛皮大衣内一丝不挂。他试着把她拖到地上。

“拜托你别这样，”她求着，“他出来会看到我们。”

他以一个长吻封住她的口。

“亲爱的，让我走吧，”她哀求着，“或许他不在家。如果他不在，我会让你进来。”

他终于松手。她打开门，蹑手蹑脚走进去，将衣物藏在毛皮大衣下。他听见她打开前厅的灯，知道史莱克并没有躲在门后。然后他听到脚步声，便躲在电梯门旁的柱子后面。门开了，史莱克往走廊张望一下。他只有上半身穿着睡衣。

寂寞芳心小姐外出采访

隔天，办公室里又湿又冷，寂寞芳心小姐坐在位子上，手插口袋，两腿并拢。他想象有片沙漠，不是充满沙子，而是灰尘和污垢，沙漠周围是院子的篱笆，上头满是描述当天头条的海报。狠心母亲斧劈五子、七子、九子……贝比·鲁斯打出两支全垒打、三支……在篱笆内的是绝望者、心碎者、得肺结核的幻灭丈夫以及其他来信读者，沉重地用苍白的蚌壳排出“寂寞芳心小姐”几个大字，好似要装饰乡下车站旁的草地。

他没注意到戈德史密斯正悄悄接近，直到有只沉重的手臂落在他脖子上，像个陷阱将他擒住。他不耐烦地呻吟着挣脱开来。惹他生气让戈德史密斯得意地笑了，这个胖子乐得鼓起双颊，像两团粉红色超柔卫生纸。

“哎,那个酒鬼还好吗？”戈德史密斯学史莱克的语气说。

寂寞芳心小姐知道戈德史密斯昨天帮他写了专栏，只好藏住不满，以示感谢。

“一点也不麻烦，”戈德史密斯说，“能读你那些信真是我的荣幸。”他从口袋里掏出一个粉红色信封,丢在桌上。“爱慕者的来信。”他眨了眨眼，肥厚的灰眼皮缓缓地、重重地盖过湿润的白眼。

寂寞芳心小姐拿起那封信。

亲爱的寂寞芳心小姐：

我不擅长写信，不知道能不能和您见面聊聊？我今年不过三十二岁，却已经历许多苦痛。我嫁给了一个跛脚丈夫，过得很不开心。我急切需要一些建议，但无法将问题在信中表达得很好，而且情况又相当复杂。我知道您是男人，这样很好，因为我不相信女人。我朋友在德勒汉蒂认出您是在报纸上给人建议的那位，指给我看，我一见您就说：这人一定可以帮我。当我和跛脚丈夫走进酒吧时，您穿着蓝色西装，戴着灰色帽子。我不觉得要求见面是很糟糕的事，我感觉和您似乎已经认识了。我住伯吉斯大楼，电话号码是 77323，请打给我，我很需要您给我关于婚姻生活的建议。

爱慕者　费伊·多伊尔

他不屑地将那封信丢进纸篓。戈德史密斯嘲笑他："怎么了？陀思妥耶夫斯基，你这样不行啊。与其学俄国人那套，建议人家自杀，不如让那女人怀孕，好增加阅报量。"

为了赶走他，寂寞芳心小姐假装很忙，开始在打字机上打自己的专栏。

对大部分的人而言，人生充满痛苦的挣扎与心碎，缺乏盼望与喜乐。我亲爱的读者们，那只是表面上如此而已。不论你多贫穷、多卑微，都应好好善用感官知觉，看看白云点缀的蓝天、白浪滔滔的大海……嗅一嗅甜美的松树和浓郁的水蜡树……感受丝缎的柔滑……如同《生命中最美好的事物不必用钱买》那首歌所唱的，“生命是……”

他写不下去了，转而又开始想象绝望者、心碎者和其他读者仍在那沙漠中排出他的名字。他们的蚌壳用完了，改用泛黄的相片、肮脏的扇子、时刻表、扑克牌、损坏的玩具和假珠宝——各种被回忆赋予价值的垃圾，使它们比大自然所能孕育的一切还珍贵。

他大笑着，抹杀了平常善解人意的好心肠，伸手到纸篓里拿回多伊尔太太的信。它像是一个架在那个沙漠里的粉红色帐篷。在红桃心木的桌面上，那廉价的信纸沾染了血肉的颜色。他把多伊尔太太想成是帐篷，覆盖着毛发与血管，他自己则是厕所里的骸骨，学者藏书票上的骷髅头海盗图腾。他这身骸骨若能进入血肉的帐篷，他的关节便能灵活自如。

尽管有这些遐想，他仍像堆枯冷的骨头干坐着，想着打给多伊尔太太是多不道德的事。倘若他信仰基督，那通奸就是一种罪行，一切就都很简单，回复这封信也相当容易。

他完全失守，来到电话前。他离开办公室，到大厅使用公用电话，大家打私人电话都是到这里来。电话亭的四周贴满了色情图画。他定睛在两张生殖部位的照片上，给了接线员“伯吉斯大楼 77323”这个号码。

“请问多伊尔太太在吗？”

“您好，请问您是？”

“我想找多伊尔太太，”他说，“请问你就是吗？”

“我就是。”她语气生硬，充满恐惧。

“我是寂寞芳心小姐。”

“哪位小姐？”

“寂寞芳心小姐，寂寞芳心小姐，写专栏的那个人。”

他本来打算要挂断了，她突然高兴地轻声说：“哦，您好……”

“你说我可以打来。”

“哦，对了……什么？”

他猜想对方希望由他主动：“你可以和我见个面吗？”

“那就现在吧。”她语气仍充满惊喜，他能透过话筒感受到她温暖湿润的气息。

“在哪里见面？”

“您决定吧。”

“这样吧，”他说，“我跟你约一小时后，在公园那个纪念碑那儿见。”

他回到桌前将专栏打完，然后前往公园，在纪念碑旁的长椅上坐下，等待多伊尔太太。他心里仍想着帐篷的事，因此抬头观望时便感觉天空看似一块没有完全展开的帆布。他像个笨拙的侦探，绞尽脑汁找寻线索一般地检视着天空。什么也找不着时，他转向四周的摩天大楼，它们从四面八方压迫着这个小公园。在那钢筋水泥丛林当中，他找到可能的线索。

美国人将充沛的精力消耗在毫无节制地切割石头上。在美国文明短短的几年中，他们切割的石块比埃及人几世纪以来还多。而且他们歇斯底里、不顾一切地建设，仿佛预知未来石头会反击一般。

这侦探看到一名壮硕的妇女往他这边走来。他很快打量一番：腿像印第安人的棍棒，胸部像气球，面容像鸽子。撇开她的格子短裙、红色毛衣、兔毛外套以及针织苏格兰帽，她看起来简直像个警长。

他等她先开口。

“寂寞芳心小姐吗？您好……”

“多伊尔太太？”他起身挽她的手臂,感觉像大腿一样粗。

“我们要去哪儿？”他开始走动时，她问。

“去喝一杯。”

“我不能去德勒汉蒂。他们认识我。”

“那去我家吧。”

“这样好吗？”

无须回答，因为她已经迈开步伐了。上公寓楼梯时，他跟在她后面，看着她粗壮的两腿移动，就像两团巨大的磨石。

他调了些气泡威士忌，和她一起坐在床上。

“你的工作一定让你非常了解女人吧。”她叹气道，将手放在他的膝盖上。

他总是扮演追求者的角色，现在调换过来了，有种特别的快感。当她向前索吻时，他往后闪躲了一下。她抱住他的头，吻在他的嘴巴上。一开始像是钟摆跳动，起先渐弱，后来又像心跳般渐强。每秒都持续增强变快，直到他觉得快爆炸了，便猛力将她甩开。

“不要。”她哀求。

“不要什么？”

“亲爱的，把灯关掉。”

他抽着烟，站在暗处聆听她脱衣服发出的声音。听起来像以大海为背景，有类似船帆翻飞的声音，有绳索的嘎嘎声，然后又传来橡皮弹在皮肤上“啪”的一声，像是海浪拍打岸边的防波堤。她催促他的声音像大海在呜咽，当他躺在她身边时，她像是被月球吸引的潮水，澎湃汹涌。

约莫十五分钟后，他像筋疲力尽的泳客爬出海浪般爬下床，然后在窗边的扶手椅上重重坐下。她进到浴室里，出来时坐在他的大腿上。

“我真羞愧，”她说，“你一定觉得我是个坏女人。”

他摇摇头。

“我的丈夫不怎么行了。我跟你说过他是个瘸子，比我大很多。”她笑着，“他都干瘪了，我们好几年没有夫妻之实。你知道，我的孩子露西不是跟他生的。”

“这说来话长，”她说，“是为了露西我才嫁给他。我打赌你一定很纳闷我为何会嫁给一个瘸子。真是一言难尽啊。”

她的声音像规律的鼓声般催眠，他的身心都陷入半梦半醒的状态。

“这件事得花很长时间才说得完，所以我没办法写在信中。多伊尔一家住在中央大街，是我家楼上的邻居，当时我遇上了麻烦。我之前对他很好，还跟他去看电影，即使我是那一带很受欢迎的女孩，而他是个瘸子。当我遇到麻烦不知所措时，我跟他要钱去堕胎，他没有钱，于是干脆娶我为妻。都是因为我误信了一个下流的外国佬。我以为他是个好男人，但当我要求他娶我时，他让我吃了闭门羹，连堕胎的钱都不给我。他说如果给我钱，就代表承认这是他的错，我就会吃定他。你听说过这种人渣吗？”

“没有。”他说。她所描述的人生比她身体还沉重。仿佛是一封巨大的寂寞芳心小姐读者来信，像镇尺一般重重地压在他脑门上。

“孩子生出来后，我写信给那人渣，但他从没回信。大约两年前，我越想越觉得不公平，露西得依靠一个瘸子爸爸。所以我在电话簿上查了她生父的电话，打电话告诉他我要带着露西去找他。我当时就说，我自己别无所求，但我想要露西得到她应得的。他让我们在走廊等了一个多小时。我跟你说，我简直气炸了，想着他对我和孩子的所作所为，然后那混账东西把我们带到了客厅。我当时很安静、很淑女，因为钱不是一切，他也不值得我破坏形象，那肮脏的意大利佬，我告诉他，他应该看在自己是露西老爸的分上尽点责任。他居然说他从不认识我，如果我再骚扰他，他就报警抓我。我一听火冒三丈，出手打了那浑蛋，让他知道我多生气。我们相持不下，有个女人走进来，我想是他老婆，于是我大叫：‘他是我孩子的父亲，他是我孩子的父亲。’他们去打电话报警时，我抓起孩子的手逃走了。

“最有趣的部分来了。我丈夫是个怪人，老爱假装自己是孩子的父亲，跟我谈论‘我们的’孩子。我们到家时，露西一直问我为什么我说那陌生人是她爸爸。她想知道多伊尔是不是她真正的父亲。我当时一定是疯了，我告诉她，她真正的父亲名叫托尼·贝内利，而他辜负了我。我跟她说了许多诸如此类的糊涂话——大概是电影看多了。多伊尔回家后，露西一看到他就对他说他不是她爸爸。这正戳中他痛处，他想知道我对露西说了什么。我不喜欢他的态度，便说：‘我说了实话。’我猜我也看不惯他老当她是掌上明珠。他过来朝我脸上打了一拳。我绝不让任何男人这样对我，所以就反击。他抄起拐杖打过来，但没打中便摔倒在地，接着竟然号啕大哭。孩子也在地上哭，我跟着也在地上放声痛哭起来。”

她等着他说些什么，但他仍保持沉默，她只好用手肘推他一下，要他说话。“说不定你丈夫很爱你和这孩子。”他说。

“或许吧，但我当时是个漂亮的姑娘，要选谁都行呢。哪个女孩想和一个软脚虾共度余生呢？”

“你还是很漂亮。”他不知道为何这么说，可能出于恐惧吧。

她回报了一个吻给他，将他拖到床上去。

寂寞芳心小姐陷入低潮

多伊尔太太离开后不久，寂寞芳心小姐身体就开始不舒服。他无法离开房间，睡了两天感觉好一些了，到第三天又开始浮想联翩。

他想象自己在当铺窗口，眼前尽是毛皮大衣、钻戒、名表、枪、钓具和曼陀林等，这些都是带有受苦意味的物品。一把镀金匕首刀锋上闪着痛苦的光芒，一支磨损的喇叭苦苦哀号着。

他坐在窗前思考。人类的本性里对秩序是有偏好的。钥匙放这个口袋，零钱放另一个口袋。曼陀林有G、D、A和E四种调。物质世界中的失序似乎也有定律。人与大自然的对抗……千古不变的争战。钥匙渴望和零钱厮混，曼陀林渴望演出走调，每个秩序的核心都有毁灭的因子。秩序是注定的，但抗争还是值得的。

一个标价 2.49 美元的喇叭发出开战信号，寂寞芳心小姐便投身战局。首先他以旧手表和橡皮靴摆出一个阳具，再来将伞骨和鱼饵排成心形、将乐器和圆礼帽排成菱形，接着又摆出圆形、三角形和纳粹标志。但证明不出什么定理，于是他摆出一个巨大的十字架。当十字架大到当铺容纳不下时，他把它移到海边。他增长十字架的速度不及海浪拍打的速度。他非常努力，坚持在海浪拍打的轨迹上继续排，利用海中的垃圾——瓶子、贝壳、酒瓶软木塞、鱼头和渔网的碎片。

由于体力不支，他终于睡着了。醒来时，他觉得很虚弱，心情却很平静。

有人怯懦地敲了门。门打开了，贝蒂蹑手蹑脚地进来，双手拿满东西。他以为自己还在做梦。

“你好。”他突然说。

她吓了一跳，赶紧解释："我听说你病了，所以带了些热汤和其他食物过来。”

对于贝蒂这种老妈子一样的行为，他没力气感到厌烦，便让她用汤匙喂自己吃东西。吃完后，她打开窗户，整理一下床。房间恢复整洁，她就准备要离开，但他把她叫了回来。

“贝蒂，别走。”

她将椅子拉到床边坐下，不发一语。

“那天发生的事，我感到很抱歉，”他说，“我想我是病了。”

她替他找借口，表示已经原谅他。“这都是寂寞芳心小姐那份工作的错。你为什么还要做下去？”

“不然还能做什么？”

“去广告公司之类的地方工作啊。“

“你不了解，贝蒂，我不能辞职。就算我辞职也没多大差别。不论我做什么，都忘不了那些读者来信。”

“或许我不了解，”她说，“但我觉得你在自欺欺人。”

“或许我能帮助你了解，让我从头解释。这工作是给报纸读者建议，目的只不过是要提升阅报人数，同事都觉得这职位是个笑话。但有个人接了这份工作，因为它可能演变成一个八卦专栏，而且这个人厌倦了给人当跑腿的。他发现大部分来信都是读者虚心请教道德和心灵上的建议，这些是真正痛苦的呼求。他也发现这些来信者很把专栏作家当一回事。他生命中第一次被迫要检视他的人生观。检视过后，他发现自己是这笑话的受害者，而非加害者。”

虽然他很清醒地解释着，但他看得出来贝蒂仍觉得他是个傻子，他闭起眼睛。

“你累了，”她说，“我还是走吧。”

“不，我不累。我只是说话说累了，换你说吧。”

她告诉他自己小时候生活在农场，很喜欢动物。她描述起乡下的声音和气味，以及那边多么清新、干净。她说他应该搬去乡下住，他会发现所有的困扰都是因为住在大城市的关系。

当她在说话时，史莱克冲进房间里。他喝醉了，大吼大叫着，好像以为寂寞芳心小姐病入膏肓、死期将近，听觉已不灵光。贝蒂便不辞而别了。

史莱克听到她提及农场的事情，所以他说：“我的朋友，我同意贝蒂说的，你是个遁世者，但我认为你不适合回到乡下。”

寂寞芳心小姐面向墙壁，把被单拉起来。但史莱克就是阴魂不散。他扯开嗓门，声音穿过被单，钻进寂寞芳心小姐的大脑。

“还有其他方法，我来教教你。但首先我们姑且按照贝蒂的建议回归田野：你已经对城市的纷纷扰扰感到厌烦。人们使的各种手段都是金钱的来往，因而遗弃了内心世界。搭公交车花太久时间，地铁总是人挤人。所以你该怎么办？买座农场，走在你的马屁股后面，脱去西装、不打领带，亲自耕种广阔的农田。当你松开肥沃的黑土，风儿带着松树的味道吹过田野，古老耕作的旋律吹进灵魂里。跟着这旋律，你播种、浇灌并蓄养牲畜，循序渐进地在饱满的玉米和马铃薯田间工作。你渐渐学习喝酒、跳舞的印第安人，踏着求欢的舞步，播种到母性的大地中。你种的不是龙的牙齿，而是豆子和蔬菜……

“你说呢？我的朋友，要不要务农去啊？”

寂寞芳心小姐不答话。他想着史莱克头头是道地教他如何看待自己唯一的避风港——基督信仰，他的病情便加速地恶化。

“我把你的沉默当成反对回乡务农了。我也同意。那种生活太无趣、太辛苦。现在来考虑搬到南方海边：你和国王的女儿住在一间茅草屋里，她是个年轻苗条的女郎，眼睛散发着古老智慧的光辉，双峰是金黄的梨子，肚子像甜瓜，身上散发着丛林中蕨类的气味。到了晚上，银白月光照在蓝色的潟湖上，你对爱人轻吟着爱恋的歌曲。你和她有着古铜肤色，游客们伸出圣洁的手指怒责你。他们嫉妒你那仅围了一块腰布的随性穿着和无忧无虑的笑容，羡慕你拥有一个一身古铜色的小新娘，看不惯你用手抓食的随意。你不把他们的醋意当回事，晚上有个美丽的都市女孩来到你的茅屋，向你请教快乐的秘诀，你却将她送回她的小艇，那小艇像匹不安的赛马一样停泊在海平面上。于是你成天无所事事：钓鱼、打猎、跳舞、游泳、亲吻以及摘花来缠在头发上……

“我的朋友，那么你觉得南方海边如何呢？”

寂寞芳心小姐假装睡着，想让史莱克闭嘴，但史莱克没上当。

“又是沉默，”他说，“你再度做了正确的选择。南方海边的计划出局了，模仿高更的生活有什么用？但请不要灰心，关于你的问题还有许多解决方案。我们来想想享乐主义，及时行乐，别想后果……

“你致力于追求享乐人生，但你可不会纵欲过度。你知道自己的身体是个享乐机器，你相当小心地使用，好让它发挥最大效益。你打高尔夫，也爱小酌。你看拳击赛，也观赏西班牙舞。你还不忘追求精神上的享受，你在马蒂斯和毕加索的画作下偷情，你用文艺复兴时期的玻璃杯喝酒。你常常在火炉旁让普鲁斯特的书陪你一整夜，一边啃着一个苹果。可惜，尽情享乐后，你发现人终将一死。于是你心一横，你决定举办最后一场派对。你邀请所有的旧情人、教练、艺术家朋友和酒肉朋友。所有宾客着黑衣出席，服务生一律是黑人，餐桌则是名雕刻家埃里克·吉尔为你雕的棺材，供应的餐点是鱼子酱、黑莓、甘草糖和黑咖啡。在舞娘表演完毕后，你起身请来宾们安静，准备分享你的人生观。‘人生，’你说，‘是一个不容许抱怨的夜总会，他们发给你一手牌，你非赌不可，而且只能玩一局。就算牌运不好，那也是命。玩下去吧，像个有运动员精神的绅士般玩下去。尽情吃喝、享受楼上的美女，但千万记住，如果这局赌输了，就有风度地谢幕，千万别抱怨……’

“关于这种遁世方式，我根本不必问你的意见。你没那么有钱，你也没有那么愚蠢。接下来的这个方式应该才真正适合你 ……

“艺术！当个画家或作家吧。冷的话，拿提香鲜艳的色彩来取暖；饿的话，以巴赫时期崇高的精神食粮充饥，向勃拉姆斯的和谐乐章和贝多芬的戏剧性曲风寻求慰藉。你认为这些音乐家的名字都是B开头，是不是另有玄机呢？别不信邪，抽个三B大烟斗，记住这不朽的诗句：‘乐声悠扬时，悲伤终止。’多好的诗句！告诉人们继续那纵欲、奢侈的生活，因为他们本身就是活生生的艺术。告诉他们你知道自己鞋子穿破了，脸上长痘子，有龅牙和畸形足，但你一点也不在乎，因为明天在卡内基音乐厅，将有贝多芬最后四重奏的演出，而且你家还有《莎士比亚戏剧全集》。”

在艺术之后，史莱克又描述了自杀和嗑药两个选项。等他讲完，重点终于出现了。

“我的朋友，当然，回归农村或海边、坐拥享乐主义、追求艺术，甚至自杀、嗑药，对我们而言都没有意义。我们并非本末倒置的人。上帝是唯一的避风港。教会是唯一的盼望，牙痛要去牙医基督第一教会，在那儿他是预防蛀牙的神。这教会有新的三位一体：圣父、圣子和刚毛猎狐梗……所以，我的好友，让我帮你拟封信给上帝：

亲爱的寂寞芳心小姐之神：

我今年二十六岁，在报社工作，人生于我是片毫无一丝安慰的荒瘠沙漠。我无法在食物、酒精或女人身上找到乐趣，艺术也不再能带来喜悦。不满之豹在我城中穿梭，沮丧之狮在我城墙之外蹲伏。人心满是孤寂与苦恼，我仿佛身陷地狱。我如何在这般光景中保持信仰呢？古今有名的科学家都信神，是真的吗？我非常喜欢读您的专栏。您有一次写道：'当盐失去味道，谁还会去尝？答案不就是救世主基督吗？' 若能简短回信给我，我将感激不尽。

诚挚的 忠实读者"

寂寞芳心小姐下乡

隔天，贝蒂来看寂寞芳心小姐，接着是天天都来。她带了汤和水煮鸡肉给他吃。

他知道贝蒂认为他不想恢复健康，但他还是乖乖听她的话，因为他发现自己生的病并无大碍。这不过是身体所使的一个伎俩，好让他暂时脱离精神之苦。

只要他一谈到读者来信或是上帝，她就会改变话题，滔滔不绝地谈起农村生活。她似乎以为只要他不去谈那些东西，他的病情就会好转。而如果身体健康了，一切都会好起来。他渐渐明白，这些关于农村生活的话题背后有个计划，但他猜不出所以然来。

立春时，他感觉好多了。他已卧床超过一周，急着想出去走走。贝蒂带他去动物园散步，她显然相信动物的疗效，她认为看看水牛能稳定他的情绪。他感到很欣慰。

他想回去工作，但她命令他让史莱克多放他几天病假。他对她心存感激，就照办了。接着，她告诉他这个计划：她姑妈在康涅狄格州拥有一座农场，她就是在那儿出生的，他们可以去住。

她向朋友借来一台福特老车。他们载满食物和装备，在一大清早出发。一到郊区，贝蒂就像个兴奋的小孩，开心地向一草一木问好。

过纽黑文市后，他们从布拉姆福德市下了州公路，开上一条通往芒克斯敦镇的土路。一路上经过一座相当原始的树林，他们看见一些红松鼠和鹧鸪。他不得不承认，柔弱的新叶形状和颜色都像烛火一般，非常美丽，空气也很清新。

抵达农场前，他们就透过树丛窥见里头的池塘。她没有钥匙，他们得使蛮力开门。屋子里，老旧家具与朽木浓厚的霉味呛得他们咳起来。他抱怨着。贝蒂却说不介意，只要不是人味就好。她说到“人”时意味深长，逗得他笑起来，吻了她一下。

他们决定在厨房扎营，因为那边的空间最大，也没有堆放老旧家具。他们将厨房的四扇窗和一扇门统统打开，好让空气流通。

当他将行李从车上卸下时，贝蒂在打扫，后来又丢了一把坏掉的椅子到炉子里生火。这炉子的形状和大小都像火车头,烟囱还管用,于是不一会儿火就生起来了。他从井里取水，放在炉子上烧。水滚烫起来的时候，他们将房间里找到的旧床垫丢到沸水里消毒，然后将床单晾在太阳下。

直到太阳快下山，贝蒂才叫他别忙了。他坐着抽烟，贝蒂准备晚餐。他们吃了豆子、蛋、面包和水果，又各喝了两杯咖啡。

吃饱喝足后，趁着天未全黑，他们走着去看那池塘。他们背靠着一棵老橡树，一起坐着，看苍鹭猎捕青蛙。正当要折返时，两只大鹿带着小鹿出现在池塘另一边。苍蝇在它们身边围绕，于是它们进到池塘里，开始吃睡莲的叶子。贝蒂不小心发出声响，鹿儿们便仓皇跑回树林了。

他们回到屋子，天色已暗。他们将带来的油灯点燃，将床垫拉到厨房，在炉子旁铺床。睡前，他们一起到厨房外的走廊抽掉最后一根烟。天气很冷，他不得不回屋内找张毯子。他们盖着毯子坐在一起。天空中很多星星。猫头鹰发出尖锐的叫声，扰乱了树林的清静，池塘上的鸭子呱呱叫，蟋蟀也不甘示弱地加入，几乎压过鸭子的声音。

毯子似乎不够保暖，于是他们进屋去，在炉子里生起一堆火，用硬木桌子当木柴，让火焰持续燃烧。他们各吃了一个苹果，然后换了睡衣去睡觉。他爱抚着她，但当她说她还是个处女时，他便停手，睡觉去了。

隔天早上醒来时，阳光射进他的眼睛。贝蒂已经在忙着煮东西。她叫他去池塘边梳洗，回来时，早餐准备好了，有蛋、火腿、马铃薯、烤苹果、面包和咖啡。

早餐过后，她忙着整理，让屋子里更舒适，他则开车到芒克斯敦镇买一些新鲜水果和报纸。他在阿库蒙加油站停留加油，他告诉服务员关于鹿的事。那人说池塘边有很多鹿，因为犹太佬从不去那里。他说把鹿逼走的不是猎人，而是犹太佬。

他回到住处时刚好赶上吃午餐，吃过后，他们到树林里散步。树丛下仍是暗淡一片。虽然春天早已来到，浓密树林里却是毫无生气——腐败的叶子、灰白的菇类，丧礼般地死寂。

后来天气转热，他们决定去游泳。他们没穿衣服就下水了。水很冷，所以无法待很久。他们跑回屋子里，灌了杯杜松子酒下肚，坐在厨房外走廊上晒太阳。

贝蒂有点坐不住。屋子里也无事可做，于是她开始洗这次外出所穿的内衣裤。洗完之后，她在两棵树中间拉起一条绳子。

他坐在走廊上看她做事。她用一条格子手帕把头发扎起来，身上则是一丝不挂。她有些发福，但当她把衣服挂到绳子上时，所有的赘肉都不见了。举起的手臂提起她的胸部，像是两个顶着粉红色指尖的大拇指。

无风搅扰，地球安然地运行。树上翠绿的新叶垂挂着，在艳阳下好像一串串小小的金属盾牌。树林某处传来画眉的歌声，听起来像是被口水塞住的长笛。

贝蒂双手停在高处，凝神听鸟叫。安静下来后，她转身给他一个顽皮的笑。他回她一个飞吻。她以既孩子气又性感的手势抓住那个吻。他跳过走廊的栏杆，跑过去吻她。当他们躺下来时，他闻到汗水、肥皂和草屑融合在一起的味道。

寂寞芳心小姐重返都市

几天后，他们出发返回都市。抵达布隆克斯区的贫民窟时，寂寞芳心小姐知道贝蒂并没有真正治愈他，他知道自己永远忘不了那些读者来信。体认到这一点后，他反而觉得好多了，否则他会认为自己是个伪君子或大傻瓜。

人们粗鲁地抢着过马路，画面有种不真实的感觉。他看着他们残缺的手和撕裂的嘴，顿时兴起一股想帮助他们的强烈欲望。这份善意是真心的，他因而很为自己高兴，虽然又难免伴随着愧疚感。

他注意到一个看似时日不多的男人蹒跚步入正在上映《金发尤物》的电影院，又看到一个腮帮子肿起、衣着破旧的女人从垃圾桶中拿出一本言情杂志，一副如获至宝，很兴奋的样子。

他受到良心的驱使寻思起来，得出人们总是靠梦想来抵抗苦难的结论。梦想曾经是很有力的凭借，如今在电影、广播和报纸的操弄下却变得流于幼稚。世风日下，梦想的变质尤其是人心不古最糟糕的一个例子。

他不只是其中的一分子，更恶劣的是他满脑子基督大梦。他觉得自己在这方面很失败，倒不是因为史莱克的嘲弄或他的自我怀疑，而是因为他没有一颗谦卑的心。

他终于上床睡觉了。入睡前，他诚恳地发誓要成为谦卑的人。隔天早晨进办公室时，他又再发一次誓。很幸运地，史莱克不在那里，他的谦卑与否不必立刻受到考验。他直接到自己位子上开始拆信，拆了十来封便深感厌倦，决定今天不读信，直接写专栏。他不想让自己的决心遭受太过严格的测试。

他打开打字机，装上纸卷。

基督为你而死。

他为你被钉死。苦难是神给你的礼物，唯有透过苦难，你才能认识他。珍惜这个礼物，因为……

他从打字机上把纸抽掉，甚至连他都觉得“基督”二字是浮夸而空泛的。望着那沓来信发怔良久后，他望向窗外。一阵蒙蒙春雨将低处灰黑的屋顶洗得发亮，犹如漆皮皮革。他的视线和心情都随着雨水往下坠，找不到立足的凭借。

回到桌前，他挑了一封又厚又重、满布灰尘的信。读这封信就如同动物撕裂脚上的伤口一样，是痛上加痛。

亲爱的寂寞芳心小姐：

我是您专栏的忠实读者，您总是给有烦恼的人那么好的建议，而我正遇上麻烦，希望跟您描述之后，您能告诉我该怎么办。

战争期间，有人告诉我，如果想为国家尽一份心力，就应该嫁给和我订婚的对象，因为他快入伍了。长话短说，我和他结了婚。战后，他仍要在军中待上一年，因为他和国家签了约，而我自然去找了份工作。他为国卖命，户头里却只剩十八美元。我工作三年之久，后来因为怀孕必须待在家里，这期间我先生工作了一阵子，但很快就厌倦了，又开始游手好闲。我怀孕前倒还没关系，因为我有工作能支付家里的开销，但我一旦无法工作，情况就不妙了。两年后，我又生了一个男孩。现在我女儿八岁、儿子六岁。

生了第二胎后，我决定不顾自己的健康（怀第一胎时我曾被车撞过）去工作，但是账单总是来得很快，我这个生病的女人怎么负荷得了？我找了晚班的工作，因为晚上我丈夫能在家看小孩，这样一直持续到孩子三岁，我找到一个房客，他本来和他姐姐住，但她后来搬去罗彻斯特，于是他要重新找地方。

我丈夫觉得那房客付的十五块钱会让我们生活好过一些，而且这男人是个鳏夫，还带着两个小孩，我丈夫和他已经是十二年的老友了，他们常一起出去。房客和我们住了一年左右，有天晚上我丈夫没回来过夜，第二天晚上也没回来。我把他报为失踪人口，大约两个半月后，有人叫我去树丛街看看，于是我去了。我丈夫后来被逮捕，理由是弃养妻儿。他被判六个月徒刑，坐满三个月牢后，法官问我愿不愿意给那狼心狗肺的东西一个机会，我居然傻傻地答应了。他回家后毒打我一顿，我后来还花了三十多美元看牙医。

军队给了他一笔退抚金，我理当拿着单据去店里换现金，因为他懒得出门，我得帮他签名，当然也会附上我的名字表示由我代领，然后付掉房租，因为房东一直想赶我们走。我像往常一样签了他的名字，却忘记附上自己的名字，我丈夫为了报复我害他坐了三个月的牢，他将支票的副本寄给法官，想害我因伪造文书被抓去关起来。幸好肉店老板知道来龙去脉，我才幸免于难。

他多次威胁要杀我，他说米尔斯太太谋杀案至今尚未侦破，同样的事会发生在我身上。我好几次在铺床的时候发现他枕头下藏有榔头、剪刀、菜刀和石器，我问他，他就假装什么也不知道，说可能是小孩子乱放的。几个月后，有天我像往常一样去上班，我们的房客待在家里，他是个临时工，那天他们公司的原料还没运送到，所以他无法工作。我习惯每天晚上将第二天的早餐准备好，这样第二天早上就能睡到七点。那阵子我儿子在国王郡就医，他得了我丈夫传染给我的病——他是战时感染到的，我也需要到诊所打针。趁我还在睡觉，我丈夫叫房客出去买报纸，房客回来后就再没看到我丈夫了。后来我从房间走出去，房客跟我说我丈夫不见了。我帮孩子们准备早餐，自己也吃过之后，就去洗这星期累积的衣物，房客在看报纸。中午，我妈妈过来帮我照顾孩子，我好出去帮别人打扫，赚点外快。家里很乱，床没铺好、东西没归位、地也还没扫，因为我一整个上午都忙着洗衣服。我想我母亲过来之后有人帮忙看小孩，我就能抢时间整理房间。我很快地打扫所有房间，确保家里有条有理，这样我丈夫回家时才没理由抱怨。家里有三张床，我整理到的最后一张是双人床，我把扫帚伸到床下要扫出灰尘，猜猜我看到什么？一张像鬼一样的脸，翻着白眼，双手紧握像是要掐死人一样，我看到他在动，简直吓死了。一直到快天黑，我都还非常激动，下半身完全动弹不得。我以为我再也无法走路了。我母亲帮我找了一个医生，他说床下那家伙应该被抓到精神病院去。而那人是我丈夫，他从早上七点躲在那儿，一直到下午将近一点半，不去梳洗，躺在灰尘里，全身脏兮兮地来吓我。

我无法信任他，不想和他睡在一起，于是我请那房客去找别的地方住。我怕如果我去睡客房，我丈夫会吃醋。有几个晚上，我醒来发现他站在我的床边，像个疯子一样狂笑，不然就是赤身裸体到处走。

我买了台新的缝纫机，因为我会帮别人缝衣服来贴补家用。有天晚上，我出门去送衣服，回家后发现整间屋子都空了，他把我的缝纫机，还有所有能当的东西都当掉了。自从他那次吓到我之后，我晚上起来看小孩都非常紧张，他可能会从窗帘后面跳出来吓我，或是在我摸黑的时候突然碰我一下。我叫他去工作，他不听，我要照顾小孩、整理家务，还得赚钱养家。我不能让自己失控，有一次我就是因为情绪失控而错过一个好机会。我必须离开他，反正房子里也没剩下些什么。但他求我再给他一次机会，看在他是孩子父亲的分儿上。我答应了，他却又做了更多疯狂的事情，说也说不尽，于是我再度离开了他。回头四次,又离开他四次。寂寞芳心小姐，请相信我，他说看在孩子的分儿上都是骗人的，我不知道如果是你的话，你会怎么办，三年以来，他总共只给了我两百美元。

约四个月前，我给他一封弃养妻儿的逮捕令，他把它给撕了就离家出走，之后我再也没看到他。我得了肺炎，小女儿又感冒，住院的钱使我相当拮据，我必须请房客再回来住，因为他一星期能支付十五元房租。如果我发生什么状况，也有个人照顾孩子。但因为没有其他人在家，星期六晚上，他喝醉酒回家就向我求欢，我不知道该怎么办，但没有让他得逞。我丈夫下落不明，却寄给我一封恶毒的信。他在信上连孩子都骂，还讽刺地问了房客的事。亲爱的寂寞芳心小姐，我写了这么多，花了您不少时间来读，请别介意。如果要把他所有的恶行都写出来，恐怕会写成一本书。也请原谅我说了一些不堪的事，因为我得让您了解我家的状况。每个女人都有权拥有一个家，不是吗？所以，请寂寞芳心小姐针对我的信，在您的专栏里给些回复，这样我就知道您在帮助我。我应该挽回我先生吗？我要如何抚养我的孩子呢？

无论您给我怎样的建议，我都会感激不尽。

诚挚的　背负重担的宽阔双肩

注：亲爱的寂寞芳心小姐，请不要误以为我真有宽阔的双肩，那只是我对人生的感受。

寂寞芳心小姐和瘸子

寂寞芳心小姐在躲避贝蒂，因为她让他觉得自己很可笑。他试着保持谦卑，愈能自我解嘲，就愈容易保持谦卑。他拒绝接听贝蒂的电话，两次过后，她就放弃了。

从乡下回来一周后，有一天戈德史密斯约他出来喝一杯，他答应得过分谦卑，把戈德史密斯吓了一跳，差点建议他去看医生。

他们在德勒汉蒂看到史莱克坐在吧台边。戈德史密斯在史莱克耳边低语，想跟他说寂寞芳心小姐的状况，但他喝醉了，不肯好好地听，只听到部分戈德史密斯所说的话。

“我必须要反驳你，亲爱的戈德史密斯，”史莱克说，“别说那些有信仰的人病了。他们是健康的，病的人是你。”

戈德史密斯没答话，史莱克转身面向寂寞芳心小姐："来，告诉我们你当初是如何接受这信仰的呢？是教会的音乐感动你，亲爱的人过世了，还是受了哪个有智慧的老牧师的影响呢？"

这种老掉牙的笑话对寂寞芳心小姐早就不起作用。他对史莱克微笑，就像殉教的圣徒对迫害者报以微笑那样。

"哎呀，我真笨，"史莱克继续说，"当然是因为那些信的关系。我说过寂寞芳心小姐是美国 20 世纪的牧师吗？"

戈德史密斯笑了。为了逗他继续笑下去，史莱克搬出他惯用的伎俩，装出一副不悦的样子说："戈德史密斯，你是这个没有信仰的时代的卑劣产物。你不信神，只会笑。你什么都拿盐巴来配着下肚，却忘了火与冰容不下盐巴。小心点，你用的盐不是什么高级货，而是屠夫在用的。它没有保护作用，反倒具有杀伤力。"

站在附近的酒保插话对寂寞芳心小姐说："不好意思，先生，那边有位叫作多伊尔的先生想见您。他说您认识他太太。"

不等寂寞芳心小姐回话，酒保就对站在吧台另一边的一个男人招了手。那人是个矮小的瘸子，他急忙拄着拐杖往这边走来，一条腿在地上拖着，脚上穿着四英寸高的方形鞋子。他一瘸一拐地走，不得已地做了很多白费力气的动作，活像只受到摧残的昆虫。

酒保介绍说这是彼得·多伊尔先生。多伊尔先生相当兴奋，握了两次手，而后豪气地挥手，叫了一轮酒。

举杯前，史莱克仔细地打量了这瘸子一番，对寂寞芳心小姐眨眨眼说："敬谦卑之心。"说着又拍拍多伊尔的背，继续道，"人性呐人性……"史莱克叹了口气，忧伤地摇摇头，"人性就是……"

酒保这时插话，试图转到比较安全的话题。"多伊尔先生是瓦斯公司测量员。"

"听起来是个很棒的工作，"史莱克说，"他一定能给我们不同的观点。我们这些报社从业人员喜欢多方听取意见。"

多伊尔一直盯着寂寞芳心小姐看，仿佛在找些什么，但他现在转向史莱克，表现出同意的样子。"史莱克先生，你知道大家怎么说吗？”

“不知道，我的好友，大家怎么说？”

“大家现在都有电冰箱了，大家说我们这种测量员已经取代了过去送冰块的人。”他试图使个眼色，却不太好意思似的。

“什么！”史莱克对他大喊，“先生，我觉得你不太适合我们这群人。你一点都不了解人性；你本身就是人性的化身。我把你交给寂寞芳心小姐。”他叫上戈德史密斯，大摇大摆地走了。

那个多伊尔又迷惑又生气。“你朋友疯了。”他说。寂寞芳心小姐脸上还挂着微笑，但那份笑意却有所不同了。他的笑容满是同情的意味，又带着点儿哀伤。

这扭曲的笑容是冲着多伊尔来的，多伊尔也知道，他感激地报以微笑。

“哦，差点忘了，”多伊尔说，“我太太说，如果遇到你的话，要邀你来我们家吃饭，所以我才请杰克介绍我们认识。”

寂寞芳心小姐忙着挤出微笑，不假思索地答应了，没去想他和多伊尔太太共度的那晚。多伊尔觉得很荣幸，于是第三次与他握手，显然那是他唯一会的社交礼仪。几杯酒下肚，多伊尔说他累了，寂寞芳心小姐提议去后面的包厢。他们找了一张桌子，两人面对面坐着。

多伊尔的脸非常奇怪，眼睛一高一低，嘴巴不在鼻子正下方，额头又方又鼓，圆圆的下巴像是另一个额头，看起来像电影杂志上猜谜游戏的合成照片。

他们就这样面对面坐着，直到这种眼神的无声交锋让他们两人发窘。多伊尔微微地、不太自然地调整了一下衣服，寂寞芳心小姐则感到很难再保持微笑。

多伊尔终于勉强说起话来，寂寞芳心小姐却听不懂他在说什么。他集中注意力听了几分钟，发现多伊尔根本没有要让人了解他的意思。他咕哝着一团团的字眼，好像嘴里含着东西似的吐出一堆他准备在被污辱时拿来回嘴的话，还有从教训中学到必须往肚里吞的对命运的诅咒。

寂寞芳心小姐像个牧师般微微侧过脸去，看着多伊尔两只手的动作——起先只是兴奋地挥舞着，后来越来越激动，忙不迭地要么抢在他的话语前先比画一番，要么赶紧跟上他刚说完的话语又比画一番。待他越说越清楚之后，双手就停止帮忙解说，却转而往身上衣服里摸来摸去。突然，他的一只手从大衣口袋里冒出来，拿出一沓信纸，他把信推给寂寞芳心小姐。

亲爱的寂寞芳心小姐：

写这封信给您，我感到有点羞愧，因为我平常不是这样的人，但我太太说您是个聪明人，并非什么蠢妇之流，所以在我看了您写给绝望者的答复之后，便决定要提笔。我是个四十一岁的瘸子，从小身体残缺，但从不因此丧气，直到最近我开始感觉很糟，因为至今一事无成。您是念过书的，所以我想或许您会懂。我想不透为什么我得拖着一条腿卖命上下楼梯，帮瓦斯公司读电表，每个月赚那少少的二十二块五，老板们却开好车、过好日子。别以为我贪心不足。我在报上看过，在俄国他们开枪打死跛脚的人，因为他们不能工作。但是我比起公园那些流浪汉更有工作能力，还能扶养妻儿。但这不是我这封信的重点。我想知道，为什么我拖着这条瘸掉的腿上街、下臭地窖，整天下来痛得要命，而待回到家时，我所听到的就只有钱、钱、钱，一点儿也没有家的温暖？我想知道，天天拖着一条烂腿走三条大街，还要忍受着脚痛引发的牙痛，这样究竟算什么？医生吩咐我休息六个月，但我休息的话，谁来支付家里的开销呢？这也不是我的重点，您可能会叫我换个工作，但我上哪儿找别的工作呢？我能有这份工作已经谢天谢地了。我不是抱怨我的工作，但我真是不懂为什么我的人生如此不堪。

麻烦您别将给我的回复登在报上，因为我太太会读您的专栏，我不希望她知道我寄信给您。因为我总说报纸上尽是些废话，但我想或许您会懂，因为您念过很多书，而我连高中都没毕业。

诚挚的　彼得·多伊尔

寂寞芳心小姐正努力读着信中歪七扭八的字迹，多伊尔汗湿的手突然从桌下碰了他的手。他快速将手抽开，但又旋即把手放回去,甚至握住多伊尔的手。读完信后,他仍不放手,反而怀着他所有的善意坚决地握住他的手。起先，多伊尔假装这是另一次出于社交礼仪的握手以掩饰难堪，但他很快就放松下来。他们安静地坐着，握着彼此的手。

寂寞芳心小姐登门拜访

他们一起离开酒吧，两人都很醉，也很忙，多伊尔忙着细数他吃过的苦，寂寞芳心小姐忙着为自己成为谦卑的人欢欣鼓舞。

他们搭了辆出租车。车子一开进多伊尔所住的街道，他便咒骂起他太太和他跛了的脚，说耶稣要是能把这两样都炸掉最好了。寂寞芳心小姐心情很好，他心里也在对耶稣说话，但并非诅咒，而是喜乐的呼求。

车子停下来后，寂寞芳心小姐帮助他的同伴下车，牵着他进家门。他们进大门时声音不小，多伊尔太太便走到大厅来。一见到她，多伊尔又是骂声连连。

多伊尔太太和寂寞芳心小姐打招呼，看了她丈夫一眼，摇了摇头。他安静下来后，她拉着他进了屋里。寂寞芳心小姐跟在后面，经过黑暗的穿堂时，他走过她身边，她捏了他一下，还扑哧一笑。他们洗过手，坐下来吃饭。多伊尔太太稍早在等他们的时候已经吃过了。她放在桌上的第一件东西就是一瓶几内亚红酒。

喝咖啡时，她坐到寂寞芳心小姐旁。他察觉到她的膝盖在桌下磨蹭着他的膝盖，但他不加理会，只是敛起笑容，继续喝咖啡。油腻的食物让他精神不济，他一心想找回稍早在酒吧里握着多伊尔的手的感觉。

她的一条腿跨到他腿上，他仍没有反应。她突然起身，进到客厅里。他们过一会儿跟着进去，发现她在用姜汁汽水调气泡威士忌。

他们安静地喝着酒。多伊尔看起来相当困，他太太则刚有点轻微的醉意。寂寞芳心小姐完全没有交谈的打算。他忙着寻找一则福音。如果他真要开口，那一定是要传递神的音信。

三杯黄汤下肚，多伊尔太太开始公然对寂寞芳心小姐抛媚眼，他仍不予理会。多伊尔则对她的行为相当不满。他烦躁起来，喘着气嘟嘟囔囔。

他含含糊糊的咕哝惹恼了多伊尔太太。“你到底在说什么啊？”她以质问的语气说。

多伊尔先是叹了一口气，然后抱怨般地呻吟着，接下来，仿佛是深感羞愧地说：“我这不是皮条客吗？居然带了个男人回来给我老婆！”他很快地看了寂寞芳心小姐一眼，然后抱歉地笑了。

多伊尔太太气极了。她将报纸卷起来，塞到她丈夫嘴里。完全出乎她意料之外的是他竟使出装傻这一招，像条狗一样咬着报纸咆哮。她松手放掉报纸卷，他还四肢着地一边爬一边学狗叫。

寂寞芳心小姐想让他站起来，便弯下腰去拉他。但当他弯腰时，多伊尔拉下寂寞芳心小姐的裤子拉链，然后翻个身躺在地上仰天狂笑。他老婆踢了他一脚，厌恶地哼了一声，转身不再理他。

多伊尔一下子就笑得筋疲力尽，他们双双回到椅子上坐着。多伊尔夫妇瞪着彼此，寂寞芳心小姐又开始搜索枯肠，寻找他想传递的神圣信息。

这一阵沉默让多伊尔太太很不自在，后来她实在受不了了，就到餐具柜前想再调一轮酒，但酒瓶已空。她叫多伊尔去转角的药店买一些杜松子酒，他直截了当地摇头拒绝了。

她想和他争辩。他不搭理，她便动怒了。“去买酒！”她大吼，“去买些杜松子酒，你这王八蛋！”

寂寞芳心小姐站起来。他仍没找到他可传递的信息，但他得说点什么。“请别吵架，”他恳求着，“多伊尔太太，他是爱你的，所以他才会表现出那个样子，请对他好一点。”

她厌烦地哼了一声，离开房间。他们听到她在厨房里摔东西。寂寞芳心小姐走到多伊尔身边，给了他在酒吧里一样的微笑。多伊尔也报以微笑，还伸出手来。寂寞芳心小姐握住他的手，他们就这样站着，满面笑容，手握着手，直到多伊尔太太回来。

“你们两人真是一对甜蜜的神仙眷侣啊！”她说。

多伊尔将手抽开，作势要打她。寂寞芳心小姐意识到此刻他必须说点什么，否则就没机会了。

“你有壮硕的身躯，多伊尔太太。将你丈夫揽在怀里，你能温暖他、给他活力。你能将他骨子里的寒气逼走。他拖着腿在小巷和地窖里行走，承受疲惫与痛苦。他背负那么多重担，你何不为他编织一个梦？一个快乐的梦，一个让他神采奕奕的梦。你只要让他在床上征服你，就能达到这个目的了。他会以势不可当的热情回报你……”

她惊讶得笑不出来，而多伊尔难堪地将脸转开。

话一出口，寂寞芳心小姐就知道自己很可笑。只字不提上帝，他无法发自肺腑地产生力量，这番话无异于为他的报纸再写一篇空洞的专栏。

他激动地又试了一次。“基督是爱。”他对他们大叫，像是舞台上夸张的表演者。他继续说道，“基督是十字架上的黑色果实。人类吃下禁果迷失了，但吃下上帝的饶恕之果就会得到赦免。基督的黑色果实，爱的果实……”

这次他失败得更彻底。他拿史莱克的用语代替寂寞芳心小姐的辞令。他觉得自己是个空瓶子，闪亮却无用。

他闭起眼睛，听到多伊尔说：“我爱你，我爱你。”一睁开眼，他看见多伊尔在亲他太太。寂寞芳心小姐知道多伊尔这么做，并非因为听了他一席话，而是出于忠诚。“够了，你这疯子，”她像个女王般对她老公说，“我原谅你，但你得去药店买酒。”

多伊尔连看都没看寂寞芳心小姐一眼，拿着帽子就出门了。他走了之后，多伊尔太太笑了。“你刚大叫时，裤子拉链还开着呢，”她说，“我差点没笑死。”

他没有回答。

“天哪，他还真爱吃醋，”她继续说，“我只要指着个大块头说‘天哪，真希望他能满足我’，他就会发狂了。”

她的声音低沉沙哑，显然想勾引他。她将收音机调到爵士乐的频道，又像面舞动的旗子般朝他扭屁股。

他说他太累了，不想跳舞。她在他面前摆出几个淫荡的舞姿，然后一屁股坐到他大腿上。他试图把她推开，但她不断将嘴唇压在他嘴上。他若别过头去，她就会吻他的脸颊。他觉得自己这个空瓶子缓缓地装满了温吞吞的脏水。

当她解开洋装前面的扣子，试着要把他的头埋在她胸部时，他的膝盖猛力一蹭，把她推倒在地。她伸手擒住他，要把他拉下来躺在她身上，他慌乱反抗一番打中她的脸。她放声大叫，他一再出拳，直到她松开手，他才逃出那间房子。

寂寞芳心小姐参加派对

寂寞芳心小姐再度回到床上。他确定这次一定能好好休息，而且能以最快的速度入睡，只要他安安静静地躺着就好。他已经在床上躺三天了。

上床前，他已做了万全的准备，他把电话盖起来，买了几大桶饼干。现在，他就躺在床上，吃饼干、喝水、抽烟。

他想起自己的心境是多么平静。如此完美的平静，就算他格外意识到，也都无从减损这份平静。三天内，他的确得到充分休息。房间愈来愈暗。他下床去刷牙、上厕所，然后关灯、上床睡觉。他连声叹息都没有就睡着了，只有看破红尘的智者和无忧无虑的傻子才能享有这种睡眠。半梦半醒间，他仿佛看到萤火虫和一波波海浪。

接着有辆火车进站，他是站台上一尊倾斜的雕像，擎着一只静止的钟。一辆马车驶入旅馆庭院，这会儿他又变成坐在院子里，身旁一把吉他，手中一顶帽子，雨顺着他的背滑落。

他醒了。火车到站的声音和敲门声一起传来。他爬下床，虽然身上一丝不挂，还是就这样去应门了。有五个人冲进来，其中两个是女的，一看到他就尖叫着又跑回走廊去。

三个男人仍站在原地。寂寞芳心小姐认出史莱克，发现他和其他两人都醉得厉害。史莱克说，刚刚其中一个女人是他太太，因为寂寞芳心小姐羞辱了她，他要找他决斗。

寂寞芳心小姐静静地站在房间中央。史莱克撞向他，却被弹了回去，就像一波海浪打在一块古老的岩石上，身经百战的岩石已磨得浑身光滑，海浪拿它没有办法。海浪并没有发动第二波攻势。

史莱克一时心情愉快起来。他拍一下寂寞芳心小姐的背。“穿条裤子吧，我的朋友，”他说，“我们要去参加派对。”寂寞芳心小姐拿起一罐饼干。

“快点，小子，”史莱克催促着，“一个人喝闷酒容易醉。”

寂寞芳心小姐将每块饼干都仔细端详一番才送进嘴里。

“别扫兴呀，”史莱克很不耐烦地说。他就像只海鸥想在石头边缘的平滑表面下蛋，一只尖声怪叫的笨拙海鸥。“我们想玩一个游戏，需要你的加入——‘人人都是自己的寂寞芳心小姐’，我发明的游戏，没有你可玩不成。”

史莱克从他口袋里拿出一大沓信，在寂寞芳心小姐面前晃了晃。他认得出来，这些信是从他办公室档案中拿的。这块岩石不动如山，寂寞芳心小姐相信它禁得起任何考验。他愿接受挑战，于是开始穿衣服。他们下楼去，六个人挤进一辆出租车里。玛丽·史莱克坐在他大腿上，醉醺醺的她不断扭动，岩石仍无动于衷。

派对在史莱克家举行。寂寞芳心小姐进门后引起了一阵骚动，众人簇拥上来。他站得很稳，不为所动，众人便又垂头丧气地退开。他微微一笑，吓退了十几个醉鬼，不费吹灰之力。当他站在那儿微笑时，一波微小的海浪在混乱的汪洋中漂过来，打在他脚上，要引起他的注意，是贝蒂。

“你怎么了？”她问，“你又病了吗？”

他没有回答。

大家坐定后，史莱克准备玩游戏。他拿出纸和笔，将寂寞芳心小姐带到中间，开始讲解。

“各位贵宾，”他模仿马戏团主持人的声音和动作说，“今晚我们邀请到大家熟知且仰慕的人。寂寞芳心小姐，他有颗喜乐的心,他是精神世界的墨索里尼,但又比墨索里尼更伟大。

“他今晚来此帮助大家解决道德和心灵上的问题，他能给你们一句口号、一个理由、一种绝对的价值以及存在的意义。

“或许你们当中有些人认为自己没救了，生怕就连寂寞芳心小姐这么炽烈的火炬都无法点燃你们。你们或许担心就算暴露在他明亮的火焰下，你们也只会冒烟或发出焦味。当心点，因为你们将燃起大火，寂寞芳心小姐将施展他的说服力。”

史莱克将那一沓信抽出来，在他头顶上挥舞着。

“我们会按部就班地来，”他说，“首先，你们每一位都要尽力回复其中一封信，寂寞芳心小姐会从你们的回复中诊断你们的道德问题出在哪里，而后他会带领你们走上超脱之路。”

史莱克在宾客间走来走去，一面像魔术师分发纸牌那样分发信件，一面不停地说着话。在把每封信交出去之前，他还会先朗读一小段。

“这里有一封上周丧子的老妇写来的。她今年七十岁，卖铅笔为生。她没钱买袜子，已经磨得破皮流血的双脚穿着沉重的鞋子。她还有眼疾。哪位有心人士想帮她呢？

“这封精彩了。有个小男生想要一把小提琴。看起来很容易，买给他不就好了？但你会发现这封信是由他口述给妹妹写下的。他全身瘫痪，连吃饭都无法自理。他有一把玩具小提琴，总会将它靠在胸前，然后嘴巴模仿小提琴发出音乐声。多可怜啊！但是，我们能从这个故事学到很多。这个男孩就是‘劳工’，小提琴是‘资本’，以此类推……”

寂寞芳心小姐的态度相当沉着，他一点也不感兴趣。大海中发生什么与岸边岩石无关。所有信件都发出去之后，史莱克也给了寂寞芳心小姐一封信。他拿了一会儿，读都没读就将信丢到地上。

史莱克一直喋喋不休。

“你们正跳入一个悲惨和受苦的世界，那儿到处是病人和犯人。人们不是为疾病所苦，就是被警察追赶……

“痛苦、痛苦、痛苦，阴郁的、悲惨的、折磨人的、持续不断的身心之痛，唯有伟大的心灵药膏才能缓解的痛……”

寂寞芳心小姐看到贝蒂起身要离开，他跟着她走出公寓。她也该看看他成为一块多坚定的磐石。一直到看到地上的信，史莱克才想起寂寞芳心小姐。他将信捡起来，四处寻找一番，然后又对来宾说话。

“我们的大师不见了，”他宣布，“别沮丧。还有我呢。我是他的门徒，我能帮助你们走上康庄大道。首先，让我朗读这封直接注明给大师的信。”

他将信从信封里抖出来，仿佛先前没有读过一样，念道：“你这是哪门子的下流坯子？当我带着杜松子酒回家时，发现我太太倒在地上哭，满屋子都是邻居。她说你想强暴她，你这肮脏的家伙，他们说要报警，但我说我要亲自修理你……

“老天啊，这么粗俗的脏话我还真说不出来呢，姑且让我跳过吧。‘你满口大道理，到最后就是想上别人的老婆。你这王八蛋,你的脑袋应该被枪打爆。’上头有‘多伊尔’的签名。

“啧啧，难道大师是俄国妖僧拉斯普京再世？好大的打击啊！我不相信。我绝不相信。大师不可能犯错的。我的信仰不会动摇，这只是撒旦想搅局罢了。他这辈子都为我们抵抗穷凶极恶的魔鬼，他应该得胜。我是指寂寞芳心小姐，不是魔鬼。

“史莱克版本的福音书。让我告诉你们他的生平。他的生平像卷轴一样在我面前摊开。首先，刚出生时，容光焕发又单纯天真，像颗雨水洗刷过的星星，接着一路体验人情冷暖。青春期时,他从人生中第一个妓女的床上爬起来冲进暗夜。长大后成为寂寞芳心小姐,英勇地战斗,努力想实现崇高理想,怀着伟大的目标。呜呼！这个冷酷的世界中，难关接踵而来；他以为目标唾手可得，却有个雷鸣似的声音大喝：‘停！’但他想:‘让每个阻碍成为往上爬的阶梯吧,爬高一点、再高一点、不断往上爬！’于是他一阶攀过一阶，不断督促自己，圣火燃烧让他喘不过气。如此这般……”

寂寞芳心小姐与派对礼服

离开史莱克的公寓时，寂寞芳心小姐看到贝蒂在大厅等电梯。她身上的淡蓝色礼服很适合参加派对。原来她为今天特地打扮了一番，他恍然大悟。

就算是顽石也会因此动摇。不对，动摇的不是顽石，它仍坚定不移。是他的心被触动了，透过他的心，他才得以认清自己坚定如石。他带着笑走向贝蒂。他的一颗心澄净透明，方才的污染已经沉淀,在石头里凝结了,但她并没有报以微笑。

“笑什么？”她怒气冲冲地说。

“哦，对不起，”他说，“我没有恶意。”

他们一起步入电梯。走到街上时，他牵起她的手，尽管她试着甩开也不放。

“要不要喝杯汽水？拜托。”他央求着。她身上的派对礼服传送了信息到他简单的头脑里，接下来连斗嘴都让他愉快。

“不要，我要回家。”

“哦，求你了。”他边说边将她拉往冷饮店。到了店里，她不自觉地更加显出一股“派对礼服小女孩”的神气。他们双双点了草莓汽水。他一边就着吸管吸起粉红色的液体，一边对她微笑，她则嘟着嘴，两个人都没意识到自己在装可爱。

“贝蒂，你为什么生我的气呢？我又没做错事。那是史莱克的点子，刚刚都是他在说话。”

“我气你是个傻瓜。”

“我不做寂寞芳心小姐的工作了。我已经将近一星期没进办公室。”

“那你要做什么呢？”

“我要去广告公司上班。”他并不是故意撒谎，只是在说她想听的话。她身上的洋装如此艳丽迷人，饰以轻薄的蕾丝领口和粉红圆点，跟她的草莓汽水一样颜色。

“你应该去找比尔·威莱特，他自己开了一家公司。他是公司的头，他……对我有意思。”

“我不能帮情敌工作。”

她俏皮地皱了皱鼻子，两人都笑了起来。笑着笑着，他发现她的笑容有点不太对劲。她在哭。

他感受一下那颗磐石。它还在，笑容和眼泪都无法使它动摇。它屹立在风雨中。

“噢……”她啜泣着。

“我是个傻瓜。”她跑出汽水店。

他跟上去抓住她。但她愈哭愈厉害，于是他叫了出租车，带她上车。

她边哭边说,她怀孕了,她要生小孩了。他将石头推向前，泰然地等她哭完。她安静下来后，他向她求婚。

“不，”她说，“我要拿掉。”

“请嫁给我吧。”他那恳求的语气正如刚刚求她一起去喝汽水般。他求这件洋装嫁给他，净说它想听的话，那些草莓汽水以及康涅狄格州农场的回忆聚集在一起。他表现出符合那洋装期待的样子：简单且贴心、俏皮又诗意，有大学生的纯真又有男人的气魄。

他们回到她家，讨论起婚后的生活。像是要住在哪儿，要有几个房间，能否负担小孩的开销，如何重建康涅狄格州的那座农场，喜欢哪一类型的家具等。

她同意生下孩子，这点他赢了。而作为回报，他必须去找比尔·威莱特谈工作。两人有说有笑，决定未来房间里要有三张床。两张单人床各自睡觉用，拘谨又圣洁。中间摆一张爱之床，那会是张以丘比特、女神和牧羊神为装饰的双人床。

他一点都不内疚，他没有任何感觉。那颗磐石将他的心情、意识、现实感和自我认知统统凝结在一起。任何计划他都说得出口，在西班牙城堡的阳台上做爱、加入海盗之旅、去热带岛屿温存……

他离开她家，门在背后关上时，他笑了。磐石经过彻头彻尾的考验，证明完美无瑕。现在，他只需要再度爬上床睡觉。

寂寞芳心小姐经历神迹

长谈了一个晚上又一个早晨，接近中午时分，寂寞芳心小姐觉得自己快发烧了。他全身火烫、酸痛，预感不久便得到应验，磐石顿时成了火炉。

他定睛凝视床前墙壁上的基督像。望着望着，那神像突然变成一只光彩夺目的苍蝇，动作迅速而优雅地飞在一片血红色绒布前，绒布上满是金星——人在眩晕时眼前会冒出来的金星。

房间内其余物品都是没有生命的——椅子、桌子、铅笔和书本。他把这了无生气的世界想成一条鱼。他是对的，因为那条鱼突然跳向墙壁上那个光彩夺目的饵，跳起来的时候还溅起一阵音乐声，它的银色肚皮闪闪发亮。

基督是生命也是光。

“基督！基督！”一声声的喊叫穿透他身体最深层的细胞。他将头移到枕头较凉快的一角，额头的青筋便稍微退掉一些。他感到干净清爽。他的心像朵玫瑰花，头颅里也开出另一朵玫瑰。

房间内神恩浩荡。甜美、纯净的神恩，并非洗刷过的那种干净，而是像新开的玫瑰花苞最内层那样。房间里还满溢喜悦的氛围。像一阵和风，他的心情像牧草上的蓝色小花般轻轻荡漾。

他意识到有两种节奏渐渐合二为一。合一之后，他和神也融为一体。他的心，就是上帝的心。他的头脑，也是上帝的头脑。

上帝说：“你现在愿意接受了吗？”

他回答：“我愿意，我愿意。”

他立刻开始计划他的新生活与未来寂寞芳心小姐的守则。他将专栏的草稿让上帝过目，等他批准。而上帝认可了他的一切想法。

门铃突然响了。他下床去开门，到走廊上看看是谁。按门铃的是那个多伊尔，他缓缓从楼梯爬上来。

上帝派遣他来，好让寂寞芳心小姐履行神迹，更坚定他的决心。这是一个征兆。他会拥抱这瘸子，瘸子就会痊愈，而他自己这个精神上的瘸子也将得以健全。

他赶下楼去迎接多伊尔，敞开双手迎接神迹。

多伊尔手中拿着什么，外面用报纸包裹着。当他看见寂寞芳心小姐时，他将手放进包裹中，停在那里。他仿佛在提出警告似的喊了一声，但寂寞芳心小姐继续朝他奔来。他不明白多伊尔的警告，以为那是绝望者、哈洛德、信天主教的母亲、心碎者、负重担者、厌世者、得肺结核的幻灭丈夫等众人的呼求。他奔向他们，要用爱施行拯救。

多伊尔转身逃跑，但寂寞芳心小姐早一步抓住了他。

挣扎之间，贝蒂从大厅的门外走了进来。她一面叫他们住手，一面爬上楼。多伊尔见她挡住逃跑的去路，便想将包裹丢掉。他将手从包裹里抽出来，里头的枪“砰”的一声走火，寂寞芳心小姐应声倒下，拉着多伊尔一起往下坠。两人滚下好长一段楼梯。

后记

◎多舛的写作生涯，早逝的赖皮天才

1903年生于纽约，半生在大萧条时代度过的韦斯特，父母为来自当时俄属立陶宛的犹太移民，如同许多人那样对美国这块新大陆怀抱着所谓的“美国梦”。当时叱咤书市的作家要属霍雷肖·阿尔杰（Horatio Alger），著有上百本畅销书，主题皆为白手起家、奋斗致富，堪称编织美国成功神话最具代表性的作家。韦斯特不满十岁时，父母便要他读霍雷肖的作品，不料书中的平民英雄非但未成为韦斯特崇拜的偶像，反倒成了日后他自己的小说揶揄甚至践踏的对象。

对美国梦嗤之以鼻的韦斯特仿佛天生有几分吊儿郎

当，他的求学历程极尽赖皮之能事。高中辍学后靠伪造成绩单进入塔夫斯大学（Tufts University），遭到退学后又盗用一位同名同姓的同学的成绩单进入布朗大学（Brown University），求学态度仍旧漫不经心，借用他人的作业意图蒙混过关。但也在此期间，他开始构思第一部小说作品《贝尔索·史奈尔的梦幻人生》（*The Dream Life of Balso Snell*），历时六年才完成并出版。然而，强烈的实验性题材与风格，使得本书在1931年问世时只印行了五百册，韦斯特个人买下一百五十册，其余的到韦斯特辞世为止还没能售完。

大学毕业后，韦斯特旅居巴黎两年，于1927年重返美国，从事记者工作并担任旅馆经理，借职务之便提供作家朋友免费食宿。1929年，偶然的机缘之下，韦斯特得以一窥读者写给《布鲁克林鹰报》（*Brooklyn Eagle*）“谈心”专栏作者苏珊·切斯特（Susan Chester）的求助信件，进而以此为素材写成了《寂寞芳心小姐》（*Miss Lonelyhearts*）。

1933 年出版《寂寞芳心小姐》前，韦斯特原本信心满满，出版商贺瑞斯·利夫莱特（Horace Liveright）为当时美国最优秀的出版商之一，各方对此书又不无好评，被认为是美国作家写美国的一大佳作，更被拿来与弗朗西斯·菲茨杰拉德的《了不起的盖茨比》(*The Great Gatsby*)相提并论。孰料上市后竟遭逢贺瑞斯破产，致使本书售出不到八百册。

此时的美国已步入大萧条时代。1934 年，韦斯特出版长篇小说《百万富翁》(*A Cool Million*)，塑造出天真耿直、努力不懈却备受欺凌、蒙骗与剥削而至失去一切的主人公，借以嘲讽霍雷肖·阿尔杰之辈所推崇的美国价值。对当时急需正面力量的美国社会来说，本书获得的反应是既不叫好也不叫座，到了 1935 年只得削价出清。

韦斯特转而投入好莱坞剧本写作，此一选择不仅使他经济上有了保障，也为他下一本也是最后一部著作《蝗虫之日》(*The Day of the Locust*)带来灵感。《蝗虫之日》直陈好莱坞成名梦背后并不光鲜亮丽的真相，刻画美国群众的集体幻灭，被誉为好莱坞小说中的最佳杰作（The Best Hollywood

Novel)。但 1939 年出版时叫好不叫座，印行三千册，仅售出一千四百六十四册。

距离《蝗虫之日》惨卖约一年半的时间，写作生涯霉运不断的韦斯特与新婚八个月的妻子艾琳·麦肯尼（Eileen McKenney）于周末出游，却在回程途中发生车祸，夫妻俩不幸丧生；英年早逝的韦斯特年仅 36 岁。就在意外发生的前一天，44 岁的菲茨杰拉德因心脏病病发身亡。在后世人的眼中，那无疑是美国文坛损失惨重的一个黑色周末。

◎自谷底翻身的经典，世界差点错过的大师

虽一心以文学创作为业，韦斯特在世时却始终未能确立小说家的地位，销售成绩惨淡以致无法以此糊口，在一封给文友埃德蒙·威尔逊（Edmund Wilson）的信件中，他曾写道：

> 我一度试图在这门技艺上努力精进，但就连借此为生的第一步都跨不出去。三年来出版了两本书，只换得

总计七百八十美元的收入，所以不是什么能否坚持到底的问题，我很愿意做出牺牲，但现实就是不可能……外面的世界不允许我靠写作讨生活的希望成真……[1]

这位 20 世纪 30 年代的美国作家，要到 20 世纪 50 年代才逐渐自谷底翻身，终至跃居大师地位。其间未受到各权威文学作品选集青睐，例如 1941 年初版及 1948 年推出第二版的《牛津美国文学指南》(*Oxford Companion to American Literature*)，完全不见韦斯特的踪影。但有愈来愈多重量级的文学评论家推崇生前默默无闻的韦斯特，比如著有《美国史家》(*The Americanist*) 等书、推动美国图书馆 (Library of America) 创立的学者丹尼尔·艾伦 (Daniel Aaron)，便分别于 1947 年、1951 年、1965 年撰文探讨韦斯特多舛的写作生涯与不俗的创作才华，称他为“奇才怪杰 (perverse

1 摘自 Raymond M.Olderman 所著的 *Beyond the Waste Land: A Study of the American Novel in the Nineteen-Sixties* 一书。

genius)”。终于，在 1956 年推出第三版的《牛津美国文学指南》中，韦斯特登上了版面。情况一如美国作家理查·波伊德·格门所言：如今，韦斯特独特、不凡的才华终获公允的肯定。在他死后十年，在愈来愈多声援者的推波助澜之下，他的声誉爬到了他应有的位置，而他辞世已然十年——这可说是终极的、讽刺的、悲剧性的韦斯特式幽默……[1]

韦斯特死后十七年，《韦斯特全集》（*The Complete Works of Nathanael West*）问世，这位差点被世界错过的一代文豪总算有机会被广大读者看见，并在美国现代文学史上站稳一席之地，代表作《寂寞芳心小姐》与《蝗虫之日》双双被公认为美国现代文学经典，进而被译成十几种语言，备受推崇，影响深远。约瑟夫·海勒（Joseph Heller）、托马斯·品钦（Thomas Pynchon）、罗伯特·斯通（Robert Stone）、特瑞·索恩（Terry Southern）、约翰·霍克斯（John Hawks）、唐·德里罗（Don Delillo）等

1 摘自 1950 年 New Direction 版《蝗虫之日》序言。

杰出小说家的作品中皆有师从韦斯特的痕迹。历任百老汇出版集团（Doubleday Broadway）主笔、编辑、副总的出版人杰拉尔德·霍华德（Gerald Howard）对韦斯特一波三折的际遇，可谓下了最佳注脚：“我相信在文学的世界有正义的存在，只是正义或许要依照它自己的步调在不合常理的时机到来……身为热爱韦斯特作品的忠实拥护者，同时又扮演着操纵作家命运的出版人角色，韦斯特的生平故事令我不胜唏嘘。在他生前，伴随着出书而来的名利微薄得可怜，简直具有希腊悲剧的本质……但也因为未能功成名就，这才使他写出了最伟大的作品。[1]”

1 摘自 *Let This Be a Lesson to You: The Snakebit Life of Nathanael West* 一文。

作者年表

1903 年 10 月 17 日生于纽约，本名内森 · 维恩斯坦（Nathan Weinstein），父亲麦克斯 · 维恩斯坦（Max Weinstein），母亲安娜 · 维恩斯坦（Anna Weinstein）。

1922 年，入塔夫斯大学（Tufts University）就读，遭到退学后入布朗大学（Brown University）就读。1924 年自布朗大学哲学系毕业。

1924—1926 年，旅居巴黎。

1927 年，担任肯摩尔旅馆（Kenmore Hotel）经理。

1928 年，担任萨顿旅馆（Sutton Hote）经理。

1931 年，出版《贝尔索 · 史奈尔的梦幻人生》（*The Dream Life of Balso Snell*），总印量五百册，韦斯特个人买下一百五十册。

1933 年，出版《寂寞芳心小姐》(*Miss Lonelyhearts*)，迫于出版商贺瑞斯·利夫莱特(Horace Liveright)破产仅售出不到八百册。

1934 年，出版《百万富翁》(*A Cool Million*)。

1936—1940 年，从事好莱坞电影剧本写作。

1939 年，出版《蝗虫之日》(*The Day of the Locust*)，售出不到一千五百本，日后却被誉为好莱坞小说中的最佳杰作。

1940 年 4 月 19 日，与艾琳·麦肯尼(Eileen McKenney)结婚，12 月 22 日死于车祸。

1957 年，《韦斯特全集》(*The Complete Works of Nathanael West*)问世。

附：

《寂寞芳心小姐》英文原文

Miss Lonelyhearts (1933)

Nathanael West

MISS LONELYHEARTS, HELP ME, HELP ME

The Miss Lonelyhearts of The New York Post-Dispatch (Are-you-in-trouble? Do-you-need-advice? Write-to-Miss-Lonely-hearts-and-she-will-help-you) Sat at his desk and stared at a piece of white cardboard. On it a prayer had been printed by Shrike, the feature editor.

"Soul of Miss L, glorify me.

Body of Miss L, nourish me

Blood of Miss L, intoxicate me.

Tears of Miss L, wash me.

Oh good Miss L, excuse my plea,

And hide me in your heart,

And defend me from my enemies.

Help me, Miss L, help me, help me.

In saecula saeculorum. Amen."

Although the deadline was less than a quarter of an hour away, he was still working on his leader. He had gone as far as: "Life is worthwhile, for it is full of dreams and peace, gentleness and ecstasy, and faith that burns like a clear white flame on a grim dark altar." But he found it impossible to continue. The letters were no longer funny. He could not go on finding the same joke funny thirty times a day for months on end. And on most days he received more than thirty letters, all of them alike, stamped from the dough of suffering with a heart-shaped cookie knife.

On his desk were piled those he had received this morning. He started through them again, searching for some clue to a sincere answer.

Dear Miss Lonelyhearts,

I am in such pain I don't know what to do. sometimes I think I will kill myself my kidneys hurt so much. My husband thinks no woman can be a good catholic and not have children irregardless of the pain. I was married honorable from our church but I never knew what married life meant as I never was told about man and wife. My grandmother never told me and she was the only mother I had but made a big mistake by not telling me as it don't pay to be innocent and is only a big disappointment. I have 7 children in 12 years and ever since the last 2 I have been so sick. I was operated on twice and my husband promised no more children on the doctor's advice as he said I might die but when I got back from the hospital he broke his promise and now I am going to have a baby and I don't think I can stand it my kidneys hurt so much. I am so sick and scared because I can't have an abortion on account of being a catholic and my husband so religious. I cry all the time it hurts so much and I don't know what to do.

Yours respectfully,

Sick-of-it-all

Miss Lonelyhearts threw the letter into an open drawer and lit a cigarette.

Dear Miss Lonelyhearts,

I am sixteen years old now and I don't know what to do and would appreciate it if you could tell me what to do. When I was a little girl it was not so bad because I got used to the kids on the block making fun of me, but now I would like to have boy friends like the other girls and go out on Saturday nights, but no boy will take me because I was born without a nose although I am a good dancer and have a nice shape and my father buys me pretty clothes.

I sit and look at myself all day and cry. I have a big hole in the middle of my face that scares people even myself so I can't blame the boys for not wanting to take me out. My mother loves me, but she cries terrible when she looks at me.

What did I do to deserve such a terrible bad fate? Even if I did do some bad things I didn't do any before I was a year old and I was born this way. I asked Papa and he says he doesn't know, but that maybe I did something in the other world before I was born or that maybe I was being punished for his sins. I don't believe that because he is a very nice man.

Ought I commit suicide?

Sincerely yours,

Desperate

The cigarette was imperfect and refused to draw. Miss Lonelyhearts took it out of his mouth and stared at it furiously. He fought himself quiet,then lit another one.

Dear Miss Lonelyhearts,

I am writing to you for my little sister Grace because something awful happened to her, and I am afraid to tell mother about it. I am 15 years old and Grace is 13 and we live in Brooklyn. Grace is deaf and dumb and bigger than me but not very smart on account of being deaf and dumb. She plays on the roof of our house and don't go to school except to deaf and dumb school twice a week on Tuesdays and Thursdays.

Mother makes her play on the roof because we don't want her to get run over as she ain't very smart. Last week a man came on the roof and did something dirty to her. She told me about it and I don't know what to do as I am afraid to tell mother on account of her being liable to beat Grace up. I am afraid that Grace is going to have a baby and I listened to her stomach last night for a long time to see if I could hear the baby but I couldn't. If I tell mother she will beat Grace up awfully because I am the only one who loves her and last time when she tore her dress they joked her in the closet for 2 days and if the boys on the block hear about it they will say dirty things like they did on Peewee Conor's sister the time she got caught in the lots. So please what would you do if the same happened in your family.

Yours truly,

Harold

He stopped reading. Christ was the answer, but, if he did not want to get sick, he had to stay away from the Christ business. Besides, Christ was Shrike's particular joke. "Soul of Miss L, glorify me. Body of Miss L,save me. Blood of..." He turned to his typewriter.

Although his cheap clothes had too much style, he still looked like the son of a Baptist minister. A beard would become him, would accent his Old-Testament look. But even without a beard no one could fail to recognize the New England puritan. His forehead was high and narrow. His nose was long and fleshless. His bony chin was shaped and cleft like a hoof. On seeing him for the first time, Shrike had smiled and said, "The Susan Chesters, the Beatrice Fair faxes and the Miss Lonelyhearts are the priests of twentieth-century America." A copy boy came up to tell him that Shrike wanted to know if the stuff was ready. He bent over the typewriter and began pounding its keys.

But before he had written a dozen words, Shrike leaned over his shoulder. "The same old stuff," Shrike said. "Why don't you give them something new and hopeful? Tell them about art. Here, I'll dictate:

Art Is a Way Out.

Do not let life overwhelm you. When the old paths are choked with the debris of failure, look for newer and fresher paths. Art is just such a path. Art is distilled from suffering. As Mr Polnikoff exclaimed through his fine Russian beard, when, at the age of eighty-six, he gave up his business to learn Chinese, 'We are, as yet, only at the beginning...

Art Is One of Life's Richest Offerings.

For those who have not the talent to create, there is appreciation. For those...

"Go on from there."

MISS LONELYHEARTS AND THE DEAD PAN

When Miss Lonelyhearts quit work, he found that the weather had turned warm and that the air smelt as though it had been artificially heated. He decided to walk to Delehanty's speakeasy for a drink. In order to get there, it was necessary to cross a little park.

He entered the park at the North Gate and swallowed mouthfuls of the heavy shade that curtained its arch. He walked into the shadow of a lamp-post that lay on the path like a spear. It pierced him like a spear.

As far as he could discover, there were no signs of spring. The decay that covered the surface of the mottled ground was not the kind in which life generates. Last year, he remembered, May had failed to quicken these soiled fields. It had taken all the brutality of July to torture a few green spikes through the exhausted dirt.

What the little park needed, even more than he did, was a drink. Neither alcohol nor rain would do. Tomorrow, in his column, he would ask Broken-hearted, Sick-of-it-all, Desperate, Disillusioned-with-tubercular-husband and the rest of his correspondents to come here and water the soil with their tears. Flowers would then spring up, flowers that smelled of feet.

"Ah, humanity..." But he was heavy with shadow and the joke went into a dying fall. He tried to break its fall by laughing at himself.

Why laugh at himself, however, when Shrike was waiting at the speakeasy to do a much better job? "Miss Lonelyhearts, my friend, I advise you to give your readers stones. When they ask for bread don't give them crackers as does the Church, and don't, like the State, tell them to eat cake. Explain that man cannot live by bread alone and give them stones. Teach them to pray each morning: "Give us this day our daily stone."

He had given his readers many stones; so many, in fact, that he had only one left the stone that had formed in his gut.

Suddenly tired, he sat down on a bench. If he could only throw the stone. He searched the sky for a target. But the gray sky looked as if it had been rubbed with a soiled eraser. It held no angels, flaming crosses, olive-bearing doves, wheels within wheels. Only a newspaper struggled in the air like a kite with a broken spine. He got up and started again for the speakeasy.

Delehanty's was in the cellar of a brownstone house that differed from its more respectable neighbors by having an armored door. He pressed a concealed button and a little round window opened in its center. A blood-shot eye appeared, glowing like a ruby in an antique iron ring.

The bar was only half full. Miss Lonelyhearts looked around apprehensively for Shrike and was relieved at not finding him. However, after a third drink, just as he was settling into the warm mud of alcoholic gloom, Shrike caught his arm.

"Ah, my young friend!" he shouted. "How do I find you? Brooding again, I take it."

"For Christ's sake, shut up."

Shrike ignored the interruption. "You're morbid, my friend, morbid. Forget the crucifixion, remember the renaissance. There were no brooders then." He raised his glass, and the whole Borgia family was in his gesture. "I give you the renaissance. What a period! What pageantry! Drunken popes...Beautiful courtesans...Illegitimate children..."

Although his gestures were elaborate, his face was blank. He practiced a trick used much by moving-picture comedians the dead pan. No matter how fantastic or excited his speech, he never changed his expression. Under the shining white globe of his brow, his features huddled together in a dead, gray triangle.

"To the renaissance!" he kept shouting. "To the renaissance! To the brown Greek manuscripts and mistresses with the great smooth marbly limbs...But that reminds me, I'm expecting one of my admirers a cow-eyed girl of great intelligence." He illustrated the word intelligence by carving two enormous breasts in the air with his hands. "She works in a book store, but wait until you see her behind."

Miss Lonelyhearts made the mistake of showing his annoyance.

"Oh, so you don't care for women, eh? J. C. is your only sweetheart, eh? Jesus Christ, the King of Kings, the Miss Lonelyhearts of Miss Lonelyhearts..."

At this moment, fortunately for Miss Lonelyhearts, the young woman expected by Shrike came up to the bar. She had long legs, thick ankles, big hands, a powerful body, a slender neck and a childish face made tiny by a man's haircut.

"Miss Farkis," Shrike said, making her bow as a ventriloquist does his doll, "Miss Farkis, I want you to meet Miss Lonelyhearts. Show him the same respect you show me. He, too, is a comforter of the poor in spirit and a lover of God."

She acknowledged the introduction with a masculine handshake.

"Miss Farkis," Shrike said, "Miss Farkis works in a book store and writes on the side." He patted her rump.

"What were you talking about so excitedly?" she asked.

"Religion."

"Get me a drink and please continue. I'm very much interested in the new Thomistic synthesis."

This was just the kind of remark for which Shrike was waiting. "St.Thomas!" he shouted. "What do you take us for stinking intellectuals? We're not fake Europeans. We were discussing Christ, the Miss Lonelyhearts of Miss Lonelyhearts. America has her own religions. If you need a synthesis, here is the kind of material to use." He took a clipping from his wallet and slapped it on the bar.

"ADDING MACHINE USED IN RITUAL OF WESTERN SECT...Figures Will be Used for Prayers for Condemned Slayer of Aged Recluse...DENVER, COLO., Feb. 2 (A.P.) Frank H. Rice, Supreme Pontiff of the Liberal Church of America has announced he will carry out his plan for a 'goat and adding machine' ritual for William Moya, condemned slayer, despite objection to his program by a Cardinal of the sect. Rice declared the goat would be used as part of a 'sack cloth and ashes' service shortly before and after Moya's execution, set for the week of June 20. Prayers for the condemned man's soul will be offered on an adding machine. Numbers, he explained, constitute the only universal language. Moya killed Joseph Zemp, an aged recluse, in an argument over a small amount of money."

Miss Farkis laughed and Shrike raised his fist as though to strike her. His actions shocked the bartender, who hurriedly asked them to go into the back room. Miss Lonelyhearts did not want to go along, but Shrike insisted and he was too tired to argue.

They seated themselves at a table inside one of the booths. Shrike again raised his fist, but when Miss Farkis drew back, he changed the gesture to a caress. The trick worked. She gave in to his hand until he became too daring, then pushed him away.

Shrike again began to shout and this time Miss Lonelyhearts understood that he was making a seduction speech.

"I am a great saint," Shrike cried, "I can walk on my own water. Haven't you ever heard of Shrike's Passion in the Luncheonette, or the Agony in the Soda Fountain? Then I compared the wounds in Christ's body to the mouths of a miraculous purse in which we deposit the small change of our sins. It is indeed an excellent conceit. But now let us consider the Holes in our own bodies and into what these congenital wounds open. Under the skin of man is a wondrous jungle where veins like lush tropical growths hang along overripe organs and weed-like entrails writhe in squirming tangles of red and yellow. In this jungle, flitting from rock-gray lungs to golden intestines, from liver to lights and back to liver again, lives a bird called the soul. The Catholic hunts this bird with bread and wine, the Hebrew with a golden ruler, the Protestant on leaden feet with leaden words, the Buddhist with gestures, the Negro with blood. I spit on them all. Phoohl ! And I call upon you to spit. Phoohl! Do

You stuff birds? No, my dears, taxidermy is not religion. No! A thousand times no. Better, I say unto you, better a live bird in the jungle of the body than two stuffed birds on the library table."

His caresses kept pace with the sermon. When he had reached the end, he buried his triangular face like the blade of a hatchet in her neck.

MISS LONELYHEARTS AND THE LAMB

Miss Lonelyhearts went home in a taxi. He lived by himself in a room that was as full of shadows as an old steel engraving. It held a bed, a table and two chairs. The walls were bare except for an ivory Christ that hung opposite the foot of the bed. He had removed the figure from the cross to which it had been fastened and had nailed it to the wall with large spikes. But the desired effect had not been obtained. Instead of writhing, the Christ remained calmly decorative.

He got undressed immediately and took a cigarette and a copy of The Brothers Kalamazov to bed. The marker was in a chapter devoted to Father Zossima.

"Love a man even in his sin, for that is the semblance of Divine Love and is the highest love on earth. Love all God's creation, the whole and every grain of sand in it. Love the animals, love the plants, love everything. If you love everything, you will perceive the divine mystery in things. Once you perceive it, you will begin to comprehend it better every day. And you will come at last to love the whole world with an all-embracing love."

It was excellent advice. If he followed it, he would be a big success. His column would be syndicated and the whole world would learn to love. The Kingdom of Heaven would arrive. He would sit on the right hand of the Lamb.

But seriously, he realized, even if Shrike had not made a sane view of this Christ business impossible, there would be little use in his fooling himself. His vocation was of a different sort. As a boy in his father's church, he had discovered that something stirred in him when he shouted the name of Christ, something secret and enormously powerful. He had played with this thing, but had never allowed it to come alive.

He knew now what this thing was——hysteria, a snake whose scales are tiny mirrors in which the dead world takes on a semblance of life. And how dead the world is...a world of doorknobs. He wondered if hysteria were really too steep a price to pay for bringing it to life.

For him, Christ was the most natural of excitements. Fixing his eyes on the image that hung on the wall, he began to chant: "Christ, Christ,Jesus Christ. Christ, Christ, Jesus Christ." But the moment the snake started to uncoil in his brain, he became frightened and closed his eyes.

With sleep, a dream came in which he found himself on the stage of a crowded theater. He was a magician who did tricks with doorknobs. At his command, they bled, flowered, spoke. After his act was finished, he tried to lead his audience in prayer. But no matter how hard he struggled, his prayer was one Shrike had taught him and his voice was that of a conductor calling stations.

"Oh, Lord, we are not of those who wash in wine, water, urine, vinegar, fire, oil, bay rum, milk, brandy, or boric acid. Oh, Lord, we are of those who wash solely in the Blood of the Lamb."

The scene of the dream changed. He found himself in his college dormitory. With him were Steve Garvey and Jud Hume. They had been arguing the existence of God from midnight until dawn, and now, having run out of whisky, they decided to go to the market for some applejack.

Their way led through the streets of the sleeping town into the open fields beyond. It was spring. The sun and the smell of vegetable birth renewed their drunkenness and they reeled between the loaded carts. The farmers took their horseplay good-naturedly. Boys from the college on a spree.

They found the bootlegger and bought a gallon jug of applejack, then wandered to the section where livestock was sold. They stopped to fool with some lambs. Jud suggested buying one to roast over a fire in the woods. Miss Lonelyhearts agreed, but on the condition that they sacrifice it to God before barbecuing it.

Steve was sent to the cutlery stand for a butcher knife, while the other two remained to bargain for a lamb. After a long, Armenian-like argument, during which Jud exhibited his farm training, the youngest was selected, a little, stiff-legged thing, all head.

They paraded the lamb through the market. Miss Lonelyhearts went first,carrying the knife, the others followed, Steve with the jug and Jud with the animal. As they marched, they sang an obscene version of "Mary Had a Little Lamb."

Between the market and the bill on which they intended to perform the sacrifice was a meadow. While going through it, they, picked daisies and buttercups. Halfway up the hill, they found a rock and covered it with the flowers. They laid the lamb among the flowers. Miss Lonelyhearts was elected priest, with Steve and Jud as his attendants. While they held the lamb, Miss Lonelyhearts crouched over it and began to chant.

"Christ, Christ, Jesus Christ. Christ, Christ, Jesus Christ."

When they had worked themselves into a frenzy, he brought the knife down hard. The blow was inaccurate and made a flesh wound. He raised the knife again and this time the lamb's violent struggles made him miss altogether. The knife broke on the altar. Steve and Jud pulled the animal's head back for him to saw at its throat, but only a small piece of blade remained in the handle and he was unable to cut through the matted wool.

Their hands were covered with slimy blood and the lamb slipped free. It crawled off into the underbrush.

As the bright sun outlined the altar rock with narrow shadows, the scene appeared to gather itself for some new violence. They bolted. Down the hill they fled until they reached the meadow, where they fell exhausted in the tall grass.

After some time had passed, Miss Lonelyhearts begged them to go back and put the lamb out of its misery. They refused to go. He went back alone and found it under a bush. He crushed its head with a stone and left the carcass to the flies that swarmed around the bloody altar flowers.

MISS LONELYHEARTS AND THE FAT THUMB

Miss Lonelyhearts found himself developing an almost insane sensitiveness to order. Everything had to form a pattern: the shoes under the bed, the ties in the holder, the pencils on the table. When he looked out of a window, he composed the skyline by balancing one building against another. If a bird flew across this arrangement, he closed his eyes angrily until it was gone.

For a little while, he seemed to hold his own but one day he found himself with his back to the wall. On that day all the inanimate things over which he had tried to obtain control took the field against him. When he touched something, it spilled or rolled to the floor. The collar buttons disappeared under the bed, the point of the pencil broke, the handle of the razor fell off, the window shade refused to stay down. He fought back, but with too much violence, and was decisively defeated by the spring of the alarm clock.

He fled to the street, but there chaos was multiple. Broken groups of people hurried past, forming neither stars nor squares. The lamp-posts were badly spaced and the flagging was of different sizes. Nor could he do anything with the harsh clanging sound of street cars and the raw shouts of hucksters. No repeated group of words would fit their rhythm and no scale could give them meaning.

He stood quietly against a wall, trying not to see or hear. Then he remembered Betty. She had often made him feel that when she straightened his tie, she straightened much more. And he had once thought that if her world were larger, were the world, she might order it as finally as the objects on her dressing table.

He gave Betty's address to a cab driver and told him to hurry. But she lived on the other side of the city and by the time he got there, his panic had turned to irritation.

She came to the door of her apartment in a crisp, white linen dressing-robe that yellowed into brown at the edges. She held out both her hands to him and her arms showed round and smooth like wood that has been turned by the sea.

With the return of self-consciousness, he knew that only violence could make him supple. It was Betty, however, that he criticized. Her world was not the world and could never include the readers of his column. Her sureness was based on the power to limit experience arbitrarily. Moreover, his confusion was significant, while her order was not.

He tried to reply to her greeting and discovered that his tongue had become a fat thumb. To avoid talking, he awkwardly forced a kiss, then found it necessary to apologize.

"Too much lover's return business, I know, and I..." he stumbled purposely, so that she would take his confusion for honest feeling. But the trick failed and she waited for him to continue:

"Please eat dinner with me."

"I'm afraid I can't."

Her smile opened into a laugh.

She was laughing at him. On the defense, he examined her laugh for "bitterness," "sour-grapes," "a-broken-heart," "the devil-may-care." But to his confusion, he found nothing at which to laugh back. Her smile had opened naturally, not like an umbrella, and while he watched her laugh folded and became a smile again, a smile that was neither "wry," "ironical" nor "mysterious."

As they moved into the living-room, his irritation increased. She sat down on a studio couch with her bare legs under and her back straight. Behind her a silver tree flowered in the lemon wall-paper. He remained standing.

"Betty the Buddha," he said. "Betty the Buddha. You have the smug smile; all you need is the pot belly."

His voice was so full of hatred that he himself was surprised. He fidgeted for a while in silence and finally sat down beside her on the couch to take her hand.

More than two months had passed since he had sat with her on this same couch and had asked her to marry him. Then she had accepted him and they had planned their life after marriage, his job and her gingham apron, his slippers beside the fireplace and her ability to cook. He had avoided her since. He did not feel guilty; he was merely annoyed at having been fooled into thinking that such a solution was possible.

He soon grew tired of holding hands and began to fidget again. He remembered that towards the end of his last visit he had put his hand inside her clothes. Unable to think of anything else to do, he now repeated the gesture. She was naked under her robe and he found her breast.

She made no sign to show that she was aware of his hand. He would have welcomed a slap, but even when he caught at her nipple, she remained silent.

"Let me pluck this rose," he said, giving a sharp tug. "I want to wear it in my buttonhole."

Betty reached for his brow. "What's the matter?" she asked. "Are you sick?"

He began to shout at her, accompanying his shouts with gestures that were too appropriate,like those of an old-fashioned actor.

"What a kind bitch you are. As soon as any one acts viciously, you say he's sick. Wife-torturers, rapers of small children, according to you they're all sick. No morality, only medicine. Well, I'm not sick. I don't need any of your damned aspirin. I've got a Christ Complex. Humanity...I'm a humanity lover. All the broken bastards..." He finished with a short laugh that was like a bark.

She had left the couch for a red chair that was swollen with padding and tense with live springs. In the lap of this leather monster, all trace of the serene Buddha disappeared.

But his anger was not appeased. "What's the matter, sweet heart?" he asked, patting her shoulder threateningly. "Didn't you like the performance?"

Instead of answering, she raised her arm as though to ward off a blow.She was like a kitten whose soft helplessness makes one ache to hurt it.

"What's the matter?" he demanded over and over again. "What's the matter? What's the matter?"

Her face took on the expression of an inexperienced gambler about to venture all on a last throw. He was turning for his hat, when she spoke.

"I love you."

"You what?"

The need for repeating flustered her, yet she managed to keep her manner undramatic.

"I love you."

"And I love you," he said. "You and your damned smiling through tears."

"Why don't you let me alone?" She had begun to cry. "I felt swell before you came, and now I feel lousy. Go away. Please go away."

MISS LONELYHEARTS AND THE CLEAN OLD MAN

In the street again, Miss Lonelyhearts wondered what to do next. He was too excited to eat and afraid to go home. He felt as though his heart were a bomb, a complicated bomb that would result in a simple explosion, wrecking the world without rocking it.

He decided to go to Delehanty's for a drink. In the speakeasy, he discovered a group of his friends at the bar. They greeted him and went on talking. One of them was complaining about the number of female writers.

"And they've all got three names," he said. "Mary Roberts Wilcox, Ella Wheeler Catheter, Ford Mary Rinehart..."

Then someone started a train of stories by suggesting that what they all needed was a good rape.

"I knew a gal who was regular until she fell in with a group and went literary. She began writing for the little magazines about how much beauty hurt her and ditched the boyfriend who set up pins in a bowling alley. The guys on the block got sore and took her into the lots one night. About eight of them. They ganged her proper..."

"That's like the one they tell about another female writer. When this hard-boiled stuff first came in, she dropped the trick English accent and went in for scram and lam. She got to hanging around with a lot of mugs in a speak, gathering material for a novel. Well, the mugs didn't know they were picturesque and thought she was regular until the barkeep put them wise. They got her into the back room to teach her a new word and put the boots to her. They didn't let her out for three days. On the last day they sold tickets to niggers..."

Miss Lonelyhearts stopped listening. His friends would go on telling these stories until they were too drunk to talk. They were aware of their childishness, but did not know how else to revenge themselves. At college, and perhaps for a year afterwards, they had believed in literature, had believed in beauty and in personal expression as an absolute end. When they lost this belief, they lost everything. Money and fame meant nothing to them. They were not worldly men.

Miss Lonelyhearts drank steadily. He was smiling an innocent, amused smile, the smile of an anarchist sitting in the movies with a bomb in his pocket. If the people around him only knew what was in his pocket. In a little while he would leave to kill the President.

Not until he heard his own name mentioned did he stop smiling and again begin to listen.

"He's a leper licker. Shrike says he wants to lick lepers. Barkeep, a leper for the gent."

"If you haven't got a leper, give him a Hungarian."

"Well, that's the trouble with his approach to God. It's too damn literary——plain song, Latin poetry, medieval painting, Huysmans, stained-glass windows and crap like that."

"Even if he were to have a genuine religious experience, it would be personal and so meaningless, except to a psychologist."

"The trouble with him, the trouble with all of us, is that we have no outer life, only an inner one, and that by necessity."

"He's an escapist. He wants to cultivate his interior garden. But you can't escape, and where is he going to find a market for the fruits of his personality? The Farm Board is a failure."

"What I say is, after all one has to earn a living. We can't all believe in Christ, and what does the farmer care about art? He takes his shoes off to get the warm feel of the rich earth between his toes. You can't take your shoes off in church."

Miss Lonelyhearts had again begun to smile. Like Shrike, the man they imitated, they were machines for making jokes. A button machine makes buttons, no matter what the power used, foot, steam or electricity. They, no matter what the motivating force, death, love or God, made jokes.

"Was their nonsense the only barrier?" he asked himself. "Had he been thwarted by such a low hurdle?"

The whisky was good and he felt warm and sure. Through the light-blue tobacco smoke, the mahogany bar shone like wet gold. The glasses and bottles, their high lights exploding, rang like a battery of little bells when the bartender touched them together. He forgot that his heart was a bomb to remember an incident of his childhood. One winter evening, he had been waiting with his little sister for their father to come home from church. She was eight years old then, and he was twelve. Made sad by the pause between playing and eating, he had gone to the piano and had begun a piece by Mozart. It was the first time he had ever voluntarily gone to the piano. His sister left her picture book to dance to his music. She had never danced before. She danced gravely and carefully, a simple dance yet formal...As Miss Lonelyhearts stood at the bar, swaying slightly to the remembered music, he thought of children dancing. Square replacing oblong and being replaced by circle. Every child, everywhere; in the whole world there was not one child who was not gravely, sweetly dancing.

He stepped away from the bar and accidentally collided with a man holding a glass of beer. When he turned to beg the man's pardon, he received a punch in the mouth. Later he found himself at a table in the back room, playing with a loose tooth. He wondered why his hat did not fit and discovered a lump on the back of his head. He must have fallen. The hurdle was higher than he had thought.

His anger swung in large drunken circles. What in Christ's name was this Christ business? And children gravely dancing? He would ask Shrike to be transferred to the sports department.

Ned Gates came in to see how he was getting along and suggested the fresh air: Gates was also very drunk. When they left the speakeasy together, they found that it was snowing.

Miss Lonelyhearts' anger grew cold and sodden like the snow. He and his companion staggered along with their heads down, turning corners at random, until they found themselves in front of the little park. A light was burning in the comfort station and they went in to warm up.

An old man was sitting on one of the toilets. The door of his booth was propped open and he was sitting on the turned-down toilet cover.

Gates hailed him. "Well, well, smug as a bug in a rug, eh?"

The old man jumped with fright, but finally managed to speak. "What do you want? Please let me alone." His voice was like a flute; it did not vibrate.

"If you can't get a woman, get a clean old man," Gates sang.

The old man looked as if he were going to cry, but suddenly laughed instead. A terrible cough started under his laugh, and catching at the bottom of his lungs, it ripped into his throat. He turned away to wipe his mouth.

Miss Lonelyhearts tried to get Gates to leave, but he refused to go without the old man. They both grabbed him and pulled him out of the stall and through the door of the comfort station. He went soft in their arms and started to giggle. Miss Lonelyhearts fought off a desire to hit him.

The snow had stopped falling and it had grown very cold. The old man did not have an overcoat, but said that he found the cold exhilarating. He carried a cane and wore gloves because, as he said, he detested red hands.

Instead of going back to Delehanty's they went to an Italian cellar close by the park. The old man tried to get them to drink coffee, but they told him to mind his own business and drank rye. The whisky burned Miss Lonely-hearts' cut lip.

Gates was annoyed by the old man's elaborate manners. "Listen, you," he said, "cut out the gentlemanly stuff and tell us the story of your life."

The old man drew himself up like a little girl making a muscle.

"Aw, come off," Gates said. "We're scientists. He's Havelock Ellis and I'm Krafft-Ebing. When did you first discover homosexual istic tendencies in yourself?"

"What do you mean, sir? I..."

"Yeh, I know, but how about your difference from other men?"

"How dare you..." He gave a little scream of indignation.

"Now, now," Miss Lonelyhearts said, "he didn't mean to insult you. Scientists have terribly bad manners...But you are a pervert, aren't you?"

The old man raised his cane to strike him. Gates grabbed it from behind and wrenched it out of his hand. He began to cough violently and held his black satin tie to his mouth. Still coughing he dragged himself to a chair in the back of the room.

Miss Lonelyhearts felt as he had felt years before, when he had accidentally stepped on a small frog. Its spilled guts had filled him with pity, but when its suffering had become real to his senses, his pity had turned to rage and he had beaten it frantically until it was dead.

"I'll get the bastard's life story," he shouted, and started after him. Gates followed laughing.

At their approach, the old man jumped to his feet. Miss Lonelyhearts caught him and forced him back into his chair.

"We're psychologists," he said. "We want to help you. What's your name?"

"George B. Simpson."

"What does the B stand for?"

"Bramhall."

"Your age, please, and the nature of your quest?"

"By what right do you ask?"

"Science gives me the right."

"Let's drop it," Gates said. "The old fag is going to cry."

"No, Krafft-Ebing, sentiment must never be permitted to interfere with the probings of science."

Miss Lonelyhearts put his arm around the old man. "Tell us the story of your life," he said, loading his voice with sympathy.

"I have no story."

"You must have. Everyone has a life story."

The old man began to sob.

"Yes, I know, your tale is a sad one. Tell it, damn you, tell it."

When the old man still remained silent, he took his arm and twisted it. Gates tried to tear him away, but he refused to let go. He was twisting the arm of all the sick and miserable, broken and betrayed, inarticulate and impotent. He was twisting the arm of Desperate, Brokenhearted, Sick-of-it-all, Disillusioned-with-tubercular-husband.

The old man began to scream. Somebody hit Miss Lonelyhearts from behind with a chair.

MISS LONELYHEARTS AND MRS SHRIKE

Miss Lonelyhearts lay on his bed fully dressed, just as he had been dumped the night before.His head ached and his thoughts revolved inside the pain like a wheel within a wheel. When he opened his eyes, the room, like a third wheel, revolved around the pain in his head.

From where he lay he could see the alarm clock. It was half past three. When the telephone rang, he crawled out of the sour pile of bed clothes. Shrike wanted to know if he intended to show up at the office. He answered that he was drunk but would try to get there.

He undressed slowly and took a bath. The hot water made his body feel good, but his heart remained a congealed lump of icy fat. After drying himself, he found a little whisky in the medicine chest and drank it. The alcohol warmed only the lining of his stomach.

He shaved, put on a clean shirt and a freshly pressed suit and went out to get something to eat. When he had finished his second cup of scalding coffee, it was too late for him to go to work. But he had nothing to worry about, for Shrike would never fire him. He made too perfect a butt for Shrike's jokes. Once he had tried to get fired by recommending suicide in his column. All that Shrike had said was: "Remember, please, that your job is to increase the circulation of our paper. Suicide, it is only reasonable to think, must defeat this purpose."

He paid for his breakfast and left the cafeteria. Some exercise might warm him. He decided to take a brisk walk, but he soon grew tired and when he reached the little park, he slumped down on a bench opposite the Mexican War obelisk.

The stone shaft cast a long, rigid shadow on the walk in front of him. He sat staring at it without knowing why until he noticed that it was lengthening in rapid jerks, not as shadows usually lengthen. He grew frightened and looked up quickly at the monument. It seemed red and swollen in the dying sun, as though it were about to spout a load of granite seed.

He hurried away. When he had regained the street, he started to laugh. Although he had tried hot water, whisky, coffee, exercise, he had completely forgotten sex. What he really needed was a woman. He laughed again, remembering that at college all his friends had believed intercourse capable of steadying the nerves, relaxing the muscles and clearing the blood.

But he knew only two women who would tolerate him. He had spoiled his chances with Betty, so it would have to be Mary Shrike.

When he kissed Shrike's wife, he felt less like a joke. She returned his kisses because she hated Shrike. But even there Shrike had beaten him. No matter how hard he begged her to give Shrike horns, she refused to sleep with him.

Although Mary always grunted and upset her eyes, she would not associate what she felt with the sexual act. When he forced this association, she became very angry. He had been convinced that her grunts were genuine by the change that took place in her when he kissed her heavily. Then her body gave off an odour that enriched the synthetic flower scent she used behind her ears and in the hollows of her neck. No similar change ever took place in his own body, however. Like a dead man, only friction could make him warm or violence make him mobile.

He decided to get a few drinks and then call Mary from Delehanty's. It was quite early and the speakeasy was empty. The bartender served him and went back to his newspaper.

On the mirror, behind the bar hung a poster advertising a mineral water. It showed a naked girl made modest by the mist that rose from the spring at her feet. The artist had taken a great deal of care in drawing the breasts and their nipples stuck out like tiny red hats.

He tried to excite himself into eagerness by thinking of the play Mary made with her breasts. She used them as the coquettes of long ago had used their fans. One of her tricks was to wear a medal low down on her chest. Whenever he asked to see it, instead of drawing it out she leaned over for him to look. Although he had often asked to see the medal, he had not yet found out what it represented.

But the excitement refused to come. If anything, he felt colder than before he had started to think of women. It was not his line.Nevertheless, he persisted in it, out of desperation,and went to the telephone to call Mary.

"Is that you?" she asked, then added before he could reply, "I must see you at once. I've quarreled with him. This time I'm through."

She always talked in headlines and her excitement forced him to be casual. "OK" he said. "When? Where?"

"Anywhere, I'm through with that skunk, I tell you, I'm through."

She had quarreled with Shrike before and he knew that in return for an ordinary number of kisses, he would have to listen to an extraordinary amount of complaining.

"Do you want to meet me here, in Delehanty's?" he asked.

"No, you come here. We'll be alone and anyway I have to bathe and get dressed."

When he arrived at her place, he would probably find Shrike there with her on his lap. They would both be glad to see him and all three of them would go to the movies where Mary would hold his hand under the seat.

He went back to the bar for another drink, then bought a quart of Scotch and took a cab. Shrike opened the door. Although he had expected to see him, he was embarrassed and tried to cover his confusion by making believe that he was extremely drunk.

"Come in, come in, homebreaker," Shrike said with a laugh. "The Mrs will be out in a few minutes. She's in the tub."

Shrike took the bottle he was carrying and pulled its cork. Then he got some charged water and made two highballs.

"Well," Shrike said, lifting his drink, "so you're going in for this kind of stuff, eh? Whisky and the boss's wife."

Miss Lonelyhearts always found it impossible to reply to him. The answers he wanted to make were too general and began too far back in the history of their relationship.

"You're doing field work, I take it," Shrike said. "Well, don't put this whisky on your expense account. However, we like to see a young man with his heart in his work. You've been going around with yours in your mouth."

Miss Lonelyhearts made a desperate attempt to kid back. "And you," he said, "you're an old meanie who beats his wife,"

Shrike laughed, but too long and too loudly, then broke off with an elaborate sigh. "Ah, my lad," he said, "you're wrong. It's Mary who does the beating."

He took a long pull at his highball and sighed again, still more elaborately. "My good friend,I want to have a heart-to-heart talk with you. I adore heart-to-heart talks and nowadays there are so few people with whom one can really talk. Everybody is so hard-boiled. I want to make a clean breast of matters, a nice clean breast. It's better to make a clean breast of matters than to let them fester in the depths of one's soul."

While talking, he kept his face alive with little nods and winks that were evidently supposed to inspire confidence and to prove him a very simple fellow.

"My good friend, your accusation hurts me to the quick. You spiritual lovers think that you alone suffer. But you are mistaken. Although my love is of the flesh flashy, I too suffer. It's suffering that drives me into the arms of the Miss Farkises of this world. Yes, I suffer."

Here the dead pan broke and pain actually crept into his voice. "She's selfish. She's a damned selfish bitch. She was a virgin when I married her and has been fighting ever since to remain one. Sleeping with her is like sleeping with a knife in one's groin."

It was Miss Lonelyhearts' turn to laugh. He put his face close to Shrike's and laughed as hard as he could.

Shrike tried to ignore him by finishing as though the whole thing were a joke.

"She claims that I raped her. Can you imagine Willie Shrike, wee Willie Shrike, raping any one? I'm like you, one of those grateful lovers."

Mary came into the room in her bathrobe. She leaned over Miss Lonelyhearts and said: "Don't talk to that pig. Come with me and bring the whisky."

As he followed her into the bedroom, he heard Shrike slam the front door. She went into a large closet to dress. He sat on the bed.

"What did that swine say to you?"

"He said you were selfish, Mary-sexually selfish."

"Of all the god-damned nerve. Do you know why he lets me go out with other men? To save money. He knows that I let them neck me and when I get home all hot and bothered, why he climbs into my bed and begs for it. The cheap bastard!"

She came out of the closet wearing a black lace slip and began to fix her hair in front of the dressing table. Miss Lonelyhearts bent down to kiss the back of her neck.

"Now, now," she said, acting kittenish, "you'll muss me."

He took a drink from the whisky bottle, then made her a highball. When he brought it to her, she gave him a kiss, a little peck of reward.

"Where will we eat?" she asked. "Let's go where we can dance. I want to be gay."

They took a cab to a place called El Gaucho. When they entered, the orchestra was playing a Cuban rhumba. A waiter dressed as a South-American cowboy led them to a table. Mary immediately went Spanish and her movements became languorous and full of abandon.

But the romantic atmosphere only heightened his feeling of icy fatness. He tried to fight it by telling himself that it was childish. What had happened to his great understanding heart? Guitars, bright shawls, exotic foods, outlandish costumes--all these things were part of the business of dreams. He had learned not to laugh at the advertisements offering to teach writing, cartooning, engineering, to add inches to the biceps and to develop the bust. He should therefore realize that the people who came to El Gaucho were the same as those who wanted to write and live the life of an artist, wanted to be an engineer and wear leather puttees, wanted to develop a grip that would impress the boss, wanted to cushion Raoul's head on their swollen breasts. They were the same people as those who wrote to Miss Lonelyhearts for help.

But his irritation was too profound for him to soothe it in this way. For the time being, dreams left him cold, no matter how humble they were.

"I like this place," Mary said. "It's a little fake, I know, but it's gay and I so want to be gay."

She thanked him by offering herself in a series of formal, impersonal gestures. She was wearing a tight, shiny dress that was like glass-covered steel and there was something cleanly mechanical in her pantomime.

"Why do you want to be gay?"

"Everyone wants to be gay, unless they're sick."

Was he sick? In a great cold wave, the readers of his column crashed over the music, over the bright shawls and picturesque waiters, over her shining body. To save himself, he asked to see the medal. Like a little girl helping an old man to cross the street, she leaned over for him to look into the neck of her dress. But before he had a chance to see anything, a waiter came up to the table.

"The way to be gay is to make other people gay," Miss Lonelyhearts said.

"Sleep with me and I'll be one gay dog."

The defeat in his voice made it easy for her to ignore his request and her mind sagged with his. "I've had a tough time," she said. "From the beginning, I've had a tough time. When I was a child, I saw my mother die. She had cancer of the breast and the pain was terrible. She died leaning over a table."

"Sleep with me," he said.

"No, let's dance."

"I don't want to. Tell me about your mother."

"She died leaning over a table. The pain was so terrible that she climbed out of bed to die."

Mary leaned over to show how her mother had died and he made another attempt to see the medal. He saw that there was a runner on it, but was unable to read the inscription.

"My father was very cruel to her," she continued. "He was a portrait painter, a man of genius, but..."

He stopped listening and tried to bring his great understanding heart into action again.Parents are also part of the business of dreams. My father was a Russian prince, my father was a Piute Indian chief, my father was an Australian sheep baron, my father lost all his money in Wall Street, my father was a portrait painter. People like Mary were unable to do without such tales. They told them because they wanted to talk about something besides clothing or business or the movies, because they wanted to talk about something poetic.

When she had finished her story, he said, "You poor kid," and leaned over for another look at the medal. She bent to help him and pulled out the neck of her dress with her fingers. this time he was able to read the inscription: "Awarded by the Boston Latin School for first place in the 100 yd. dash."

It was a small victory, yet it greatly increased his fatigue and he was glad when she suggested leaving. In the cab, he again begged her to sleep with him. She refused. He kneaded her body like a sculptor grown angry with his clay, but there was too much method in his caresses and they both remained cold.

At the door of her apartment, she turned for a kiss and pressed against him. A spark flared up in his groin. He refused to let go and tried to work this spark into a flame. She pushed his mouth away from a long wet kiss.

"Listen to me," she said. "We can't stop talking. We must talk. Willie probably heard the elevator and is listening behind the door. You don't know him. If he doesn't hear us talk, he'll know you're kissing me and open the door. It's an old trick of his."

He held her close and tried desperately to keep the spark alive.

"Don't kiss my lips," she begged. "I must talk."

He kissed her throat, then opened her dress and kissed her breasts. She was afraid to resist or to stop talking.

"My mother died of cancer of the breast," she said in a brave voice, like a little girl reciting at a party. "She died leaning over a table. My father was a portrait painter. He led a very gay life. He mistreated my mother. She had cancer of the breast. She..." He tore at her clothes and she began to mumble and repeat herself. Her dress fell to her feet and he tore away her underwear until she was naked under her fur coat. He tried to drag her to the floor.

"Please, please," she begged, "he'll come out and find us."

He stopped her mouth with a long kiss.

"Let me go, honey," she pleaded, "maybe he's not home. If he isn't, I'll let you in."

He released her. She opened the door and tiptoed in, carrying her rolled up clothes under her coat. He heard her switch on the light in the foyer and knew that Shrike had not been behind the door. Then he heard footsteps and limped behind a projection of the elevator shaft. The door opened and Shrike looked into the corridor. He had on only the top of his pajamas.

MISS LONELYHEARTS ON A FIELD TRIP

It was cold and damp in the city room the next day, and Miss Lonelyhearts sat at his desk with his hands in his pockets and his legs pressed together. A desert, he was thinking, not of sand, but of rust and body dirt, surrounded by a back-yard fence on which are posters describing the events of the day. Mother slays five with ax, slays seven, slays nine...Babe slams two, slams three...Inside the fence Desperate, Broken-hearted, Disillusioned-with-tubercular-husband and the rest were gravely forming the letters out of white-washed clam shells, as if decorating the lawn of a rural depot.

He failed to notice Goldsmith's waddling approach until a heavy arm dropped on his neck like the arm of a dead-fall. He freed himself with a grunt. His anger amused Goldsmith, who smiled, bunching his fat cheeks like twin rolls of smooth pink toilet paper.

"Well, how's the drunkard?" Goldsmith asked, imitating Shrike.

Miss Lonelyhearts knew that Goldsmith had written the column for him yesterday, so he hid his annoyance to be grateful.

"No trouble at all," Goldsmith said. "It was a pleasure to read your mail." He took a pink envelope out of his pocket and threw it on the desk "From an admirer." He winked, letting a thick gray lid down slowly and luxuriously over a moist, rolling eye.

Miss Lonelyhearts picked up the letter.

Dear Miss Lonelyhearts,

I am not very good at writing so I wonder if I could have a talk with you. I am only 32 years old but have had a lot of trouble in my life and am unhappily married to a cripple. I need some good advice bad but can’t state my case in a letter as I am not good at letters and it would take an expert to state my case. I know you a man and am glad as I don’t trust women. You were pointed out to me in Delehanty’s as a man who does the advice in the paper and the minute I saw you I said you can help me. You had on a blue suit and a gray hat when I came in with my husband who is a cripple. I don't feel so bad about asking to see you personal because I feel almost like I knew you. So please call me up at Bugess 7-7323 which is my number as I need your advice bad about my married life.

An admirer,

Fay Doyle

He threw the letter into the waste-paper basket with a great show of distaste.

Goldsmith laughed at him. "How now, Dostoievski?" he said. "That's no way to act. Instead of pulling the Russian by recommending suicide, you ought to get the lady with child and increase the potential circulation of the paper."

To drive him away, Miss Lonelyhearts made believe that he was busy. He went over to his typewriter and started pounding out his column.

"Life, for most of us, seems a terrible struggle of pain and heartbreak, without hope or joy. Oh, my dear readers, it only seems so. Every man, no matter how poor or humble, can teach himself to use his senses. See the cloud-flecked sky, the foam-decked sea...Smell the sweet pine and heady privet...Feel of velvet and of satin...As the popular song goes, 'The best things in life are free.' Life is..."

He could not go on with it and turned again to the imagined desert where Desperate, Broken-hearted and the others were still building his name. They had run out of sea shells and were using faded photographs, soiled fans, time-tables, playing cards, broken toys,imitation jewelry——junk that memory had made precious, far more precious than anything the sea might yield.

He killed his great understanding heart by laughing, then reached into the waste-paper basket for Mrs Doyle's letter. Like a pink tent, he set it over the desert. Against the dark mahogany desk top, the cheap paper took on rich flesh tones. He thought of Mrs Doyle as a tent, hair-covered and veined, and of himself as the skeleton in a water closet, the skull and cross-bones on a scholar's bookplate. When he made the skeleton enter the flesh tent,it flowered at every joint.

But despite these thoughts, he remained as dry and cold as a polished bone and sat trying to discover a moral reason for not calling Mrs Doyle. If he could only believe in Christ, then adultery would be a sin, then everything would be simple and the letters extremely easy to answer.

The completeness of his failure drove him to the telephone. He left the city room and went into the hall to use the pay station from which all private calls had to be made. The walls of the booth were covered with obscene drawings. He fastened his eyes on two disembodied genitals and gave the operator Burgess 7-7323.

"Is Mrs Doyle in?"

"Hello, who is it?"

"I want to speak to Mrs Doyle," he said. "Is this Mrs Doyle?"

"Yes, that's me." Her voice was hard with fright.

"This is Miss Lonelyhearts."

"Miss who?"

"Miss Lonelyhearts, Miss Lonelyhearts, the man who does the column."

He was about to hang up, when she cooed, "Oh, hello..."

"You said I should call."

"Oh, yes...what?"

He guessed that she wanted him to do the talking. "When can you see me?"

"Now." She was still cooing and he could almost feel her warm, moisture-laden breath through the earpiece. "Where?"

"You say."

"I'll tell you what," he said. "Meet me in the park, near the obelisk, in about an hour."

He went back to his desk and finished his column, then started for the park. He sat down on a bench near the obelisk to wait for Mrs Doyle. Still thinking of tents, he examined the sky and saw that it was canvas-colored and ill-stretched. He examined it like a stupid detective who is searching for a clue to his own exhaustion. When he found nothing, he turned his trained eye on the skyscrapers that menaced the little park from all sides. In their tons of forced rock and tortured steel, he discovered what he thought was a clue.

Americans have dissipated their radical energy in an orgy of stone breaking. In their few years they have broken more stones than did centuries of Egyptians. And they have done their work hysterically, desperately, almost as if they knew that the stones would someday break them.

The detective saw a big woman enter the park and start in his direction. He made a quick catalogue: legs like Indian clubs, breasts like balloons and a brow like a pigeon. Despite her short plaid skirt, red sweater, rabbit-skin jacket and knitted tam-o'-shanter, she looked like a police captain.

He waited for her to speak first.

"Miss Lonelyhearts? Oh, hello..."

"Mrs Doyle?" He stood up and took her arm. It felt like a thigh.

"Where are we going?" she asked, as he began to lead her off.

"For a drink."

"I can't go to Delehanty's. They know me."

"We'll go to my place."

"Ought I?"

He did not have to answer, for she was already on her way. As he followed her up the stairs to his apartment, he watched the action of her massive hams; they were like two enormous grindstones.

He made some highballs and sat down beside her on the bed.

"You must know an awful lot about women from your job," she said with a sigh, putting her hand on his knee.

He had always been the pursuer, but now found a strange pleasure in having the roles reversed. He drew back when she reached for a kiss. She caught his head and kissed him on his mouth. At first it ticked like a watch, then the tick softened and thickened into a heart throb. It beat louder and more rapidly each second, until he thought that it was going to explode and pulled away with a rude jerk.

"Don't," she begged.

"Don't what?"

"Oh, darling, turn out the light."

He smoked a cigarette, standing in the dark and listening to her undress. She made sea sounds; something flapped like a sail; there was the creak of ropes; then he heard the wave-against-a-wharf smack of rubber on flesh. she call for him to hurry was a sea-moan,and when he lay beside her, she heaved, tidal, moon-driven.

Some fifteen minutes later, he crawled out of bed like an exhausted swimmer leaving the surf, and dropped down into a large armchair near the window. She went into the bathroom, then came back and sat in his lap.

"I'm ashamed of myself," she said. "You must think I'm a bad woman."

He shook his head no.

"My husband isn't much. He's a cripple like I wrote you, and much older than me." She laughed. "He's all dried up. He hasn't been a husband to me for years. You know, Lucy, my kid; isn't his." He saw that she expected him to be astonished and did his best to lift his eyebrows. "It's a long story," she said. "It was on account of Lucy that I had to marry him. I'll bet you must have wondered how it was I came to marry a cripple. It's a long story." Her voice was as hypnotic as a tom-tom, and as monotonous. Already his mind and body were half asleep. "It's a long, long story, and that's why I couldn't write it in a letter. I got into trouble when the Doyle's lived above us on Center Street. I used to be kind to him and go to the movies with him because he was a cripple, although I was one of the most popular girls on the block. So when I got into trouble, I didn't know what to do and asked him for the money for an abortion. But he didn't have the money, so we got married instead. It all came through my trusting a dirty dago. I thought he was a gent, but when I asked him to marry me, why he spurned me from the door and wouldn't even give me money for an abortion. He said if he gave me the money that would mean it was his fault and I would have something on him. Did you ever hear of such a skunk?"

"No," he said. The life out of which she spoke was even heavier than her body. It was as if a gigantic, living Miss Lonelyhearts letter in the shape of a paper weight had been placed on his brain.

"After the baby was born, I wrote the skunk, but he never wrote back, and about two years ago, I got to thinking how unfair it was for Lucy to have to depend on a cripple and not come into her rights. So I looked his name up in the telephone book and took Lucy to see him. As I told him then, not that I wanted anything for myself, but just that I wanted Lucy to get what was coming to her. Well, after keeping us waiting in the hall over an hour——I was boiling mad, I can tell you, thinking of the wrong he had done me and my child——we were taken into the parlor by the butler. Very quiet and lady-like, because money ain't everything and he's no more a gent than I'm a lady, the dirty wop——I told him he ought to do something for Lucy since he's her father. Well, he had the nerve to say that he had never seen me before and that if I didn't stop bothering him, he'd have me run in. That got me riled and I lit into the bastard and gave him a piece of my mind. A woman came in while we were arguing that I figured was his wife, so I hollered, 'He's the father of my child, he's the father of my child.' When they went to the phone to call a cop, I picked up the kid and beat it.

"And now comes the funniest part of the whole thing. My husband is a queer guy and he always makes believe that he is the father of the kid and even talks to me about our child.well, when we got home, Lucy kept asking me why I said a strange man was her papa. She wanted to know if Doyle wasn't really her papa. I must of been crazy because I told her that she should remember that her real papa was a man named Tony Benelli and that he had wronged me. I told her a lot of other crap like that too much movies I guess. Well, when Doyle got home the first thing Lucy says to him is that he ain't her papa. That got him sore and he wanted to know what I had told her. I didn't like his high falut in ways and said, The truth. I guess too that I was kinds sick of seen him moon over her. He went for me and hit me one on the cheek. I wouldn't let no man get away with that so I socked back and he swung at me with his stick but missed and fell on the floor and started to cry. The kid was on the floor crying too and that set me off because the next thing I know I'm on the floor bawling too."

She waited for him to comment, but he remained silent until she nudged him into speech with her elbow. "Your husband probably loves you and the kid," he said.

"Maybe so, but I was a pretty girl and could of had my pick. What girl wants to spend her life with a shrimp of a cripple?"

"You're still pretty," he said without knowing why, except that he was frightened.

She rewarded him with a kiss, then dragged him to the bed.

MISS LONELYHEARTS IN THE DISMAL SWAMP

Soon after Mrs Doyle left, Miss Lonelyhearts became physically sick and was unable to leave his room. The first two days of his illness were blotted out by sleep, but on the third day, his imagination began again to work.

He found himself in the window of a pawnshop full of fur coats, diamond rings, watches, shotguns, fishing tackle, mandolins. All these things were the paraphernalia of suffering. A tortured high light twisted on the blade of a gift knife, a battered horn grunted with pain.

He sat in the window thinking. Man has a tropism for order. Keys in one pocket, change in another. Mandolins are tuned G D A E. The physical world has a tropism for disorder, entropy. Man against Nature...the battle of the centuries. Keys yearn to mix with change.Mandolins strive to get out of tune. Every order has within it the germ of destruction. All order is doomed, yet the battle is worthwhile.

A trumpet, marked to sell for $2.49, gave the call to battle and Miss Lonelyhearts plunged into the fray. First he formed a phallus of old watches and rubber boots, then a heart of umbrellas and trout flies, then a diamond of musical instruments and derby hats, after these a circle, triangle, square, swastika. But nothing proved definitive and he began to make a gigantic cross. When the cross became too large for the pawnshop, he moved it to the shore of the ocean. There every wave added to his stock faster than he could lengthen its arms. His labors were enormous. He staggered from the last wave line to his work, loaded down with marine refuse——bottles, shells, chunks of cork, fish heads, pieces of net.

Drunk with exhaustion, he finally fell asleep. When he awoke, he felt very weak, yet calm.

There was a timid knock on the door. It was open and Betty tiptoed into the room with her arms full of bundles. He made believe that he was asleep.

"Hello," he said suddenly.

Startled, she turned to explain. "I heard you were sick, so I brought some hot soup and other stuff."

He was too tired to be annoyed by her wide-eyed little mother act and let her feed him with a spoon. When he had finished eating, she opened the window and freshened the bed. As soon as the room was in order, she started to leave, but he called her back.

"Don't go, Betty."

She pulled a chair to the side of his bed and sat there without speaking.

"I'm sorry about what happened the other day," he said. "I guess I was sick."

She showed that she accepted his apology by helping him to excuse himself.

"It's the Miss Lonelyhearts'job. Why don't you give it up?"

"And do what?"

"Work in an advertising agency, or something."

"You don't understand, Betty, I can't quit. And even if I were to quit, it wouldn't make any difference. I wouldn't be able to forget the letters, no matter what I did."

"Maybe I don't understand," she said, "but I think you're making a fool of yourself."

"Perhaps I can make you understand. Let's start from the beginning. A man is hired to give advice to the readers of a newspaper. The job is a circulation stunt and the whole staff considers it a joke. He welcomes the job, for it might lead to a gossip column, and anyway he's tired of being a leg man. He too considers the job a joke, but after several months at it, the joke begins to escape him. He sees that the majority of the letters are profoundly humble pleas for moral and spiritual advice, that they are inarticulate expressions of genuine suffering. He also discovers that his correspondence take him seriously. For the first time in his life, he is forced to examine the values by which he lives. This examination shows him that he is the victim of the joke and not its perpetrator."

Although he had spoken soberly, he saw that Betty still thought him a fool. He closed his eyes.

"You're tired," she said. "I'll go."

"No, I'm not tired. I'm just tired of talking, you talk a while."

She told him about her childhood on a farm and of her love for animals, about country sounds and country smells and of how fresh and clean everything in the country was. She said that he ought to live there and that if he did, he would find that all his troubles were city troubles.

While she was talking, Shrike burst into the room. He was drunk and immediately set up a great shout, as though he believed that Miss Lonelyhearts was too near death to hear distinctly. Betty left without saying good-bye.

Shrike had evidently caught some of her farm talk, for he said: "My friend, I agree with Betty, you're an escapist. But I do not agree that the soil is the proper method for you to use."

Miss Lonelyhearts turned his face to the wall and pulled up the covers. But Shrike was unescapable. He raised his voice and talked through the blankets into the back of Miss Lonelyhearts' head.

"There are other methods, and for your edification I shall describe them.But first let us do the escape to the soil, as recommended by Betty:

"You are fed up with the city and its teeming millions. The ways and means of men, as getting and lending and spending, you lay waste your inner world, are too much with you. The bus takes too long, while the subway is always crowded. So what do you do? So you buy a farm and walk behind your horse's moist behind, no collar or tie, plowing your broad swift acres.As you turn up the rich black soil, the wind carries the smell of pine and dung across the fields and the rhythm of an old, old work enters your soul. To this rhythm, you sow and weep and chivy your kine, not kin or kind, between the pregnant rows of corn and taters. Your step becomes the heavy sexual step of a dance-drunk Indian and you tread the seed down into the female earth. You plant, not dragon's teeth, but beans and greens...

"Well, what do you say, my friend, shall it be the soil?"

Miss Lonelyhearts did not answer. He was thinking of how Shrike had accelerated his sickness by teaching him to handle his one escape, Christ, with a thick glove of words.

"I take your silence to mean that you have decided against the soil. I agree with you. Such a life is too dull and laborious. Let us now consider the South Seas:

"You live in a thatch hut with the daughter of the king, a slim young maiden in whose eyes is an ancient wisdom. Her breasts are golden speckled pears, her belly a melon, and her odor is like nothing so much as a jungle fern. In the evening, on the blue lagoon, under the silvery moon, to your love you croon in the soft sylabelew and vocabelew of her langorour tongorour. Your body is golden brown like hers, and touristshave need of the indignant finger of the missionary to point you out. They envy you your breech clout and carefree laugh and little brown bride and fingers instead of forks. But you don't return their envy, and when a beautiful society girl comes to your hut in the night, seeking to learn the secret of your happiness, you send her back to her yacht that hangs on the horizon like a nervous racehorse. And so you dream away the days, fishing, hunting, dancing, swimming, kissing, and picking flowers to twine in your hair...

"Well, my friend, what do you think of the South Seas?" Miss Lonelyhearts tried to stop him by making believe that he was asleep. But Shrike was not fooled.

"Again silence," he said, "and again you are right. The South Seas are played out and there's little use in imitating Gauguin. But don't be discouraged, we have only scratched the surface of our subject. Let us now examine Hedonism, or take the cash and let the credit go...

"You dedicate your life to the pursuit of pleasure. No over-indulgence, mind you, but knowing that your body is a pleasure machine, you treat it carefully in order to get the most out of it. Golf as well as booze, Philadelphia Jack O'Brien and his chest-weights as well as Spanish dancers. Nor do you neglect the pleasures of the mind. You fornicate under pictures by Matisse and Picasso, you drink from renaissance glassware, and often you spend an evening beside the fireplace with Proust and an apple. Alas, after much good fun the day comes when you realize that soon you must die. You keep a stiff upper lip and decide to give a last party. You invite all your old mistresses, trainers, artists and boon companions. The guests are dressed in black, the waiters are coons, the table is a coffin carved for you by Eric Gill. You serve caviar and blackberries and licorice candy and coffee without cream. After the dancing girls have finished, you get to your feet and call for silence in order to explain your philosophy of life. 'Life,' you say, 'is a club where they won't stand for squawks, where they deal you only one hand and you must sit in. So even if the cards are cold and marked by the hand of fate, play up, play up like a gentleman and a sport.Get tanked, grab what's on the buffet, use the girls upstairs, but remember, when you throw box cars, take the curtain like a dead game sport, don't squawk.'...

"I won't even ask you what you think of such an escape. You haven't the money, nor are you stupid enough to manage it. But we come now to one that should suit you much better...

"Art! Be an artist or a writer. When you are cold, warm yourself before the flaming tints of Titian, when you are hungry, nourish yourself with great spiritual foods by listening to the noble periods of Bach, the harmonies of Brahms and the thunder of Beethoven. Do you think there is anything in the fact that their names all begin with B? But don't take a chance, smoke a 3 B pipe, and remember these immortal lines: When to the suddenness of melody the echo parting falls the failing day. What a rhythm! Tell them to keep their society whores and pressed duck with oranges. For you part vivant, the living art, as you call it. Tell them that you know that your shoes are broken and that there are pimples on your face, yes, and that you have buck teeth and a club foot, but that you don't care, for tomorrow they are playing Beethoven's last quartets in Carnegie Hall and at home you have Shakespeare's plays in one volume."

After art, Shrike described suicide and drugs. When he had finished with them, he came to what he said was the goal of his lecture.

"My friend, I know of course that neither the soil, nor the South Seas, nor Hedonism, nor art, nor suicide, nor drugs, can mean anything to us. We are not men who swallow camels only to strain at stools. God alone is our escape. The church is our only hope, the First Church of Christ Dentist, where He is worshiped as Preventer of Decay. The church whose symbol is the trinity new-style: Father, Son and Wirehaired Fox Terrier...And so, my good friend, let me dictate a letter to Christ for you:

Dear Miss Lonelyhearts,

I am twenty-six years old and in the newspaper game. Life for me is a desert empty of comfort. I cannot find pleasure in food, drink, or women——nor do the arts give me joy any longer. The Leopard of

Discontent walks the streets of my city; the Lion of Discouragement crouches outside the walls of my citadel. All is desolation and a vexation of the spirit. I feel like in hell. How can I believe, how can I have faith in this day and age? Is it true that the greatest scientists believe again in you?

I read your column and like it very much. There you once wrote: 'When the salt has lost its savour, who shall savour it again? Is the answer: None but the Saviour?

Thanking you very much for a quick reply, I remain yours truly,

A Regular Subscriber"

MISS LONELYHEARTS IN THE COUNTRY

Betty came to see Miss Lonelyhearts the next day and every day thereafter. With her she brought soup and boiled chicken for him to eat.

He knew that she believed he did not want to get well, yet he followed her instructions because he realized that his present sickness was unimportant. It was merely a trick by his body to relieve one more profound.

Whenever he mentioned the letters or Christ, she changed the subject to tell long stories about life on a farm. She seemed to think that if he never talked about these things, his body would get well, that if his body got well everything would be well. He began to realize that there was a definite plan behind her farm talk, but could not guess what it was.

When the first day of spring arrived, he felt better. He had already spent more than a week in bed and was anxious to get out. Betty took him for a walk in the zoo and he was amused by her evident belief in the curative power of animals. She seemed to think that it must steady him to look at a buffalo.

He wanted to go back to work, but she made him get Shrike to extend his sick leave a few days. He was grateful to her and did as she asked. She then told him her plan. Her aunt still owned the farm in Connecticut on which she had been born and they could go there and camp in the house.

She borrowed an old Ford touring car from a friend. They loaded it with food and equipments and started out early one morning. As soon as they reached the outskirts of the city, Betty began to act like an excited child, greeting the trees and grass with delight.

After they had passed through New Haven, they came to Bramford and turned off the State highway on a dirt road that led to Monkstown. The road went through a wild-looking stretch of woods and they saw some red squirrels and a partridge. He had to admit, even to himself, that the pale new leaves, shaped and colored like candle flames, were beautiful and that the air smelt clean and alive.

There was a pond on the farm and they caught sight of it through the trees just before coming to the house. She did not have the key so they had to force the door open. The heavy, musty smell of old furniture and wood rot made them cough. He complained. Betty said that she did not mind because it was not a human smell. She put so much meaning into the word "human" that he laughed and kissed her.

They decided to camp in the kitchen because it was the largest room and the least crowded with old furniture. There were four windows and a door and they opened them all to air the place out.

While he unloaded the car, she swept up and made a fire in the stove out of a broken chair. The stove looked like a locomotive and was almost as large, but the chimney drew all right and she soon had a fire going. He got some water from the well and put it on the stove to boil. When the water was scalding hot, they used it to clean an old mattress that they had found in one of the bedrooms. Then they put the mattress out in the sun to dry.

It was almost sundown before Betty would let him stop working. He sat smoking a cigarette, while she prepared supper. They had beans, eggs, bread, fruit and drank two cups of coffee.

After they had finished eating, there was still some light left and they went down to look at the pond. They sat close together with their backs against a big oak and watched a heron hunt frogs. Just as they were about to start back, two deer and a fawn came down to the water on the opposite side of the pond. The flies were bothering them and they went into the water and began to feed on the lily pads. Betty accidentally made a noise and the deer floundered back into the woods.

When they returned to the house, it was quite dark. They lit the kerosene lamp that they had brought with them, then dragged the mattress into the kitchen and made their bed on the floor next to the stove.

Before going to bed, they went out on the kitchen porch to smoke a last cigarette. It was very cold and he had to go back for a blanket. They sat close together with the blanket wrapped around them.

There were plenty of stars. A screech owl made a horrible racket somewhere in the woods and when it quit, a loon began down on the pond. The crickets made almost as much noise as the loon.

Even with the blanket around them it was cold. They went inside and made a big fire in the stove, using pieces of a hardwood table to make the fire last. They each ate an apple, then put on their pajamas and went to bed. He fondled her, but when she said that she was a virgin, he let her alone and went to sleep.

He woke up with the sun in his eyes. Betty was already busy at the stove. She sent him down to the pond to wash and when he got back, breakfast was ready. It consisted of eggs, ham, potatoes, fried apples, bread and coffee.

After breakfast, she worked at making the place more comfortable and he drove to Monkstown for some fresh fruit and the newspapers. He stopped for gas at the Aw-Kum-On Garage and told the attendant about the deer. The man said that there was still plenty of deer at the pond because no yids ever went there. He said it wasn't the hunters who drove out the deer, but the yids.

He got back to the house in time for lunch and, after eating, they went for a walk in the woods. It was very sad under the trees. Although spring was well advanced, in the deep shade there was nothing but death——rotten leaves, gray and white fungi, and over everything a funereal hush.

Later it grew very hot and they decided to go for a swim. They went in naked. The water was so cold that they could only stay in for a short time. They ran back to the house and took a quick drink of gin, then sat in a sunny spot on the kitchen porch.

Betty was unable to sit still for long. There was nothing to do in the house, so she began to wash the underwear she had worn on the trip up. After she had finished, she rigged a line between two trees.

He sat on the porch and watched her work. She had her hair tied up in a checked handkerchief, otherwise she was completely naked. She looked a little fat, but when she lifted something to the line, all the fat disappeared. Her raised arms pulled her breasts up until they were like pink-tipped thumbs.

There was no wind to disturb the pull of the earth. The new green leaves hung straight down and shone in the hot sun like an army of little metal shields. Somewhere in the woods a thrush was singing. Its sound was like that of a flute choked with saliva.

Betty stopped with her arms high to listen to the bird. When it was quiet, she turned towards him with a guilty laugh. He blew her a kiss. She caught it with a gesture that was childishly sexual. He vaulted the porch rail and ran to kiss her. As they went down, he smelled a mixture of sweat, soap and crushed grass.

MISS LONELYHEARTS RETURNS

Several days later, they started to drive back to the city. When they reached the Bronx slums, Miss Lonelyhearts knew that Betty had failed to cure him and that he had been right when he had said that he could never forget the letters. He felt better, knowing this, because he had begun to think himself a faker and a fool.

Crowds of people moved through the street with a dream-like violence. As he looked at their broken hands and torn mouths he was overwhelmed by the desire to help them, and because this desire was sincere, he was happy despite the feeling of guilt which accompanied it.

He saw a man who appeared to be on the verge of death stagger into a movie theater that was showing a picture called *Blonde Beauty*. He saw a ragged woman with an enormous goiter pick a love story magazine out of a garbage can and seem very excited by her find.

Prodded by his conscience, he began to generalize. Men have always fought their misery with dreams. Although dreams were once powerful, they have been made puerile by the movies, radio and newspapers. Among many betrayals, this one is the worst.

The thing that made his share in it particularly bad was that he was capable of dreaming the Christ dream. He felt that he had failed at it, not so much because of Shrike's jokes or his own self-doubt, but because of his lack of humility.

He finally got to bed. Before falling asleep, he vowed to make a sincere attempt to be humble. In the morning, when he started for his office, he renewed his vow. Fortunately for him, Shrike was not in the city room and his humility was spared an immediate trial. He went straight to his desk and began to open letters. When he had opened about a dozen, he felt sick and decided to do his column for that day without reading any of them. He did not want to test himself too severely.

The typewriter was uncovered and he put a sheet of paper into the roller.

"Christ died for you.

"He died nailed to a tree for you. His gift to you is suffering and it is only through suffering that you can know him. Cherish this gift, for..."

He snatched the paper out of the machine. With him, even the word Christ was a vanity. After staring at the pile of letters on his desk for a long time, he looked out of the window. A slow spring rain was changing the dusty tar roofs below him to shiny patent leather. The water made everything slippery and he could find no support for either his eyes or his feelings.

Turning back to his desk, he picked up a bulky letter in a dirty envelope. He read it for the same reason that an animal tears at a wounded foot: to hurt the pain.

Dear Miss Lonelyhearts,

Being an admirer of your column because you give such good advice to people in trouble as that is what I am in also I would appreciate very much you advising me what to do after I tell you my troubles.

During the war I was told if I wanted to do my bit I should marry the man I was engaged to as he was going away to help Uncle Sam and to make a long story short I was married to him. After the war was over he still had to remain in the army for one more year as he signed for it and naturally I went to work as while doing this patriotic stunt he had only 8 dollars to his name. I worked for three years steady and then had to stay home because I became a mother and in the meantime of those years my husband would get a job and then would tire of it or want to roam. It was all right before the baby came because then I could work steady and then bills were paid but when I stopped everything went sliding backward. Then two years went by and a baby boy was added to our union. My girl will be eight and my boy six years of age.

I made up my mind after I had the second child that in spite of my health as I was hit by an auto while carrying the first I would get some work to do but debts collected so rapidly it almost took a derick to lift them let alone a sick woman. I went to work in evenings when my husband would be home so as somebody could watch the baby and I did this until the baby was three years old when I thought of taking in a man who had been boarding with his sister as she moved to Rochester and he had to look for a new place. Well my husband agreed as he figured the 15 dollars per he paid us would make it easier for him. As this man was a widower with two children and as my husband knew him for twelve years being real pals then going out together etc. After the boarder was with us for about a year my husband didn't come home one night and then two nights etc. I listed him in the missing persons and after two and a half months I was told to go to Grove St. which I did and he was arrested because he refused to support me and my kids. When he served three months of the six the judge asked me to give lion another chance which like a fool I did and when he got home he beat me up so I had to spend over 30 dollars in the dentist afterwards.

He got a pension from the army and naturally I was the one to take it to the store and cash it as he was so lazy I always had to sign his name and of course put per my name and through wanting to pay the landlord because he wanted to put us out I signed his check as usual but forgot to put per my name and for this to get even with me because he did three months time he sent to Washington for the copy of the check so I could be arrested for forgery but as the butcher knew about me signing the checks etc nothing was done to me.

He threatened my life many times saying no one solved the Mrs Mills murder and the same will happen to you and many times when making beds I would find under his pillow a hammer, scissors, knife, stone lifter etc and when I asked him what the idea was he would make believe he knew nothing about it or say the children put them there and then a few months went by and I was going to my work as usual as the boarder had to stay home that day due to the fact the material for his boss did not arrive and he could not go to work as he is a piece worker. I always made a habit of setting the breakfast and cooking the food the night before so I could stay in bed until seven as at that time my son was in the Kings County hospital with a disease which my husband gave me that he got while fighting for Uncle Sam and I had to be at the clinic for the needle too. So while I was in bed unbeknown to me, my husband sent the boarder out for a paper and when he came back my husband was gone. So later when I came from my room I was told that my husband had gone out. I fixed the children breakfast and ate my own then went to the washtub to do the weeks wash and while the boarder was reading the paper. At twelve o'clock noon my mother came over to mind the baby as I had a chance to go out and make a little money doing house work. Things were a little out of order beds not dressed and things out of place and a little sweeping had to be done as I was washing all morning and I didn't have a chance to do it so I thought to do it then while my mother was in the house with her to help me so that I could finish quickly.

Hurrying at break neck speed to get finished I swept through the rooms to make sure everything was spick and span so when my husband came home he couldn't have anything to say. We had three beds and I was on the last which was a double bed when stooping to put the broom under the bed to get at the lint and the dust when lo and behold I saw a face like the mask of a devil with only the whites of the eyes showing and hands clenched to choke anyone and then I saw it move and I was so frighted that almost till night I was hysterical and I was paralysed from my waist down. I thought I would never be able to walk again. A doctor was called for me by my mother and he said the man ought to be put in an asylum to do a thing like that. It was my husband lying under the bed from seven in the morning until almost half past one o'clock lying in his own dirt instead of going to the bath room when he had to be dirtied himself waiting to fright me. So as I could not trust him I would not sleep with him and as I told the boarder to find a new place because I thought maybe he was jealous of something I slept in the boarder's bed in an other room. Some nights I would wake up and find him standing by my bed laughing like a crazy man or walking around stripped etc.

I bought a new sowing machine as I do some sowing for other people to make both ends meet and one night while I was out delivering my work I got back to find the house cleaned out and he had pawned my sowing machine and also all the other pawnables in the house. Ever since he frighted me I have been so nervous during the night when I get up for the children that he would be standing behind a curtain and either jump out at me or put his hand on me before I could light the light. Well as I had to see that I could not make him work steady and that I had to be mother and housekeeper and wage earner etc and I could not let my nerves get the best of me as I lost a good fob once on account of having bad nerves I simply moved away from him and anyway there was nothing much left in the house. But he pleaded with me for another chance so I thought seeing he is the father of my children I will and then he did more crazy things too many to write and I left him again. Four times we got together and ,four times I left. Please Miss Lonelyhearts believe me just for the children's sake is the bunk and pardon me because I don't know how you are fixed but all I know is that in over three years I got 200 dollars from him altogether.

About four months ago I handed him a warrant for his arrest for non support and he tore it up and left the house and I haven't seen him since and as I had pneumonia and my little girl had the flu I was put in financial embarassment with the doctor and we had to go to the ward and when we came out of the hospital I had to ask the boarder to come to live with us again as he was assured 15 dollars a week and if anything happened to me he would be there to take care of the children. But he tries to make me be bad and as there is nobody in the house when he comes home drunk on Saturday night I don't know what to do but so far I didn't let him. Where my husband is I don't know but I received a vile letter from him where he even accused his innocent children of things and sarcastically asked about the star boarder.

Dear Miss Lonelyhearts please don't be angry at me for writing such a long letter and taking up so much of your time in reading it but if I ever write all the things which happened to me living with him it would fill a book and please forgive me for saying some nasty things as I had to give you an idea of what is going on in my home. Every woman is entitled to a home, isn't she? So Miss Lonelyhearts please put a few lines in your column when you refer to this letter so I will know you are helping me. Shall I take my husband back? How can I support my children?

Thanking you for anything you can advise me in I remain.

yours truly,

Broad Shoulders

P.S. Dear Miss Lonelyhearts don't think I am broad shouldered but that is the way I feel about life and me I mean.

MISS LONELYHEARTS AND THE CRIPPLE

Miss Lonelyhearts dodged Betty because she made him feel ridiculous. He was still trying to cling to his humility, and the farther he got below self-laughter, the easier it was for him to practice it. When Betty telephoned, he refused to answer and after he had twice failed to call her back, she left him alone.

One day, about a week after he had returned from the country, Goldsmith asked him out for a drink. When he accepted, he made himself so humble that Goldsmith was frightened and almost suggested a doctor.

They found Shrike in Delehanty's and joined him at the bar. Goldsmith tried to whisper something to him about Miss Lonelyhearts' condition, but he was drunk and refused to listen. He caught only part of what Goldsmith was trying to say.

"I must differ with you, my good Goldsmith," Shrike said. "Don't call sick those who have faith. They are the well. It is you who are sick."

Goldsmith did not reply and Shrike turned to Miss Lonelyhearts. "Come, tell us, brother, how it was that you first came to believe. Was it music in a church, or the death of a loved one, or mayhap, some wise old priest?"

The familiar jokes no longer had any effect on Miss Lonelyhearts. He smiled at Shrike as the saints are supposed to have smiled at those about to martyr them.

"Ah, but how stupid of me," Shrike continued. "It was the letters, of course. Did I myself not say that the Miss Lonelyhearts are the priests of twentieth-century America?"

Goldsmith laughed, and Shrike, in order to keep him laughing, used an old trick; he appeared to be offended. "Goldsmith, you are the nasty product of this unbelieving age. You cannot believe, you can only laugh. You take everything with a bag of salt and forget that salt is the enemy of fire as well as of ice. Be warned, the salt you use is not attic salt, it is coarse butcher's salt. It doesn't preserve; it kills."

The bartender who was standing close by, broke in to address Miss Lonelyhearts. "Pardon me, sir, but there's a gent here named Doyle who wants to meet you. He says you know his wife."

Before Miss Lonelyhearts could reply, he beckoned to someone standing at the other end of the bar. The signal was answered by a little cripple, who immediately started in their direction. He used a cane and dragged one of his feet behind him in a box-shaped shoe with a four-inch sole. As he hobbled along, he made many waste motions, like those of a partially destroyed insect.

The bartender introduced the cripple as Mr Peter Doyle. Doyle was very excited and shook hands twice all around, then with a wave that was meant to be sporting, called for a round of drinks.

Before lifting his glass, Shrike carefully inspected the cripple. When he had finished, he winked at Miss Lonely-hearts and said, "Here's to humanity." He patted Doyle on the back. "Mankind, mankind..." he sighed, wagging his head sadly. "What is man that..."

The bartender broke in again on behalf of his friend and tried to change the conversation to familiar ground. "Mr Doyle inspects meters for the gas company."

"And an excellent job it must be," Shrike said. "He should be able to give us the benefit of a different viewpoint. We newspapermen are limited in many ways and I like to hear both sides of a case."

Doyle had been staring at Miss Lonelyhearts as though searching for something, but he now turned to Shrike and tried to be agreeable. "You know what people say, Mr Shrike?"

"No, my good man, what is it that people say?"

"Everybody's got a frigidaire nowadays, and they say that we meter inspectors take the place of the iceman in the stories." He tried, rather diffidently, to leer.

"What!" Shrike roared at him. "I can see, sir, that you are not the man for us. You can know nothing about humanity; you are humanity. I leave you to Miss Lonely-hearts." He called to Goldsmith and stalked away.

The cripple was confused and angry. "Your friend is a nut," he said. Miss Lonelyhearts was still smiling, but the character of his smile had changed. It had become full of sympathy and a little sad.

The new smile was for Doyle and he knew it. He smiled back gratefully.

"Oh, I forgot," Doyle said, "my wife asked me, if I humped into you, to ask you to our house to eat. That's why I made Jake introduce us."

Miss Lonelyhearts was busy with his smile and accepted without thinking of the evening he had spent with Mrs Doyle. The cripple felt honored and shook hands for a third time. It was evidently his only social gesture. After a few more drinks, when Doyle said that he was tired, Miss Lonelyhearts suggested that they go into the back room. They found a table and sat opposite each other.

The cripple had a very strange face. His eyes failed to balance; his mouth was not under his nose; his forehead was square and bony; and his round chin was like a forehead in miniature. He looked like one of those composite photographs used by screen magazines in guessing contests.

They sat staring at each other until the strain of wordless communication began to excite them both. Doyle made vague, needless adjustments to his clothing. Miss Lonelyhearts found it very difficult to keep his smile steady.

When the cripple finally labored into speech, Miss Lonelyhearts was unable to understand him. He listened hard for a few minutes and realized that Doyle was making no attempt to be understood. He was giving birth to groups of words that lived inside of him as things, a jumble of the retorts he had meant to make when insulted and the private curses against fate that experience had taught him to swallow.

Like a priest, Miss Lonelyhearts turned his face slightly away. He watched the play of the cripple's hands. At first they conveyed nothing but excitement, then gradually they became pictorial. They lagged behind to illustrate a matter with which he was already finished, or ran ahead to illustrate something he had not yet begun to talk about. As he grew more articulate, his hands stopped trying to aid his speech and began to dart in and out of his clothing. One of them suddenly emerged from a pocket of his coat, dragging some sheets of letter paper. He forced these on Miss Lonelyhearts.

Dear Miss Lonelyhearts,

I am kind of ashamed to write you because a man like me don't take stock in things like that but my wife told me you were a man and not some dopey woman so I thought I would write to you after reading your answer to disillusioned. I am a cripple 41 years of age which I have been all my life and I have never let myself get blue until lately when I have been feeling lousy all the time on account of not getting anywhere and asking myself what is it all for. You have a education so I figured may be you know. What I want to know is why I go around pulling my leg up and down stairs reading meters for the gas company for a stinking $22.50 per while the bosses ride around in swell cars living off the fat of the land. Don't think I am a greasy reader. I read where they shoot cripples in Russia because they can't work but I can work better than any park bum and support a wife and child. But that's not what I am writing you about. what I want to know is what is it all for my pulling my god darned leg along the streets and down in stinking cellars with it all the time hurting fit to burst so that near quitting time I am crazy with pain. Then, when I get home, all I hear is money, money. That's no fit home for a man like me. What I want to know is, what in hell is the use, day after day, with a foot like mine when you have to go around pulling and scrambling for a lousy three squares with a toothache in it that comes from using the foot so much. The doctor told me I ought to rest it for six months but who will pay me when I am resting it. But that ain't what I mean either because you might tell me to change my job and where could I get another one I am lucky to have one at all. It isn't the job that I am complaining about but what I want to know is what is the whole stinking business for.

Please write me an answer not in the paper because my wife reads your stuff and I don't want her to know I wrote to you because I always said the papers is crap but I figured maybe you know something about it because you have read a lot of books and I never even finished high.

Yours truly,

Peter Doyle

While Miss Lonelyhearts was puzzling out the crabbed writing, Doyle's damp hand accidentally touched his under the table. He jerked away, but then drove his hand back and forced it to clasp the cripple's. After finishing the letter, he did not let go, but pressed it firmly with all the love he could manage. At first the cripple covered his embarrassment by disguising the meaning of the clasp with a handshake, but he soon gave in to it and they sat silently, hand in hand.

MISS LONELYHEARTS PAYS A VISIT

They left the speakeasy together, both very drunk and very busy: Doyle with the wrongs he had suffered and Miss Lonelyhearts with the triumphant thing that his humility had become.

They took a cab. As they entered the street in which Doyle lived, he began to curse his wife and his crippled foot. He called on Christ to blast them both.

Miss Lonelyhearts was very happy and inside of his head he was also calling on Christ. But his call was not a curse, it was the shape of his joy.

When the cab drew up to the curb, Miss Lonelyhearts helped his companion out and led him into the house. They made a great deal of noise with the front door and Mrs Doyle came into the hall. At the sight of her the cripple started to curse again.

She greeted Miss Lonelyhearts, then took hold of her husband and shook the breath out of him. When he was quiet, she dragged him into their apartment. Miss Lonelyhearts followed and as he passed her in the dark foyer, she goosed him and laughed.

After washing their hands, they sat down to eat. Mrs Doyle had had her supper earlier in the evening and she waited on them. The first thing she put on the table was a quart bottle of guinea red.

When they had reached their coffee, she sat down next to Miss Lonelyhearts. He could feel her knee pressing his under the table, but he paid no attention to her and only broke his beatific smile to drink. The heavy food had dulled him and he was trying desperately to feel again what he had felt while holding hands with the cripple in the speakeasy.

She put her thigh under his, but when he still failed to respond, she got up abruptly and went into the parlor. They followed a few minutes later and found her mixing ginger-ale highballs.

They all drank silently. Doyle looked sleepy and his wife was just beginning to get drunk.Miss Lonelyhearts made no attempt to be sociable. He was busy trying to find a message. When he did speak it would have to be in the form of a message.

After the third highball, Mrs Doyle began to wink quite openly at Miss Lonelyhearts, but he still refused to pay any attention to her. The cripple, however, was greatly disturbed by her signals. He began to fidget and mumble under his breath.

The vague noises he was making annoyed Mrs Doyle. "What in hell are you talking about?" she demanded.

The cripple started a sigh that ended in a groan and then, as though ashamed of himself, said, "Ain't I the pimp, to bring home a guy for my wife?" He darted a quick look at Miss Lonelyhearts and laughed apologetically.

Mrs Doyle was furious. She rolled a newspaper into a club and struck her husband on the mouth with it. He surprised her by playing the fool. He growled like a dog and caught the paper in his teeth. When she let go of her end, he dropped to his hands and knees and continued the imitation on the floor.

Miss Lonelyhearts tried to get the cripple to stand up and bent to lift him; but, as he did so,Doyle tore open Miss Lonelyhearts' fly, then rolled over on his back, laughing wildly.

His wife kicked him and turned away with a snort of contempt.

The cripple soon laughed himself out, and they all returned to their seats. Doyle and his wife sat staring at each other, while Miss Lonelyhearts again began to search for a message.

The silence bothered Mrs Doyle. When she couldn't stand it no longer, she went to the sideboard to make another round of drinks. But the bottle was empty. She asked her husband to go to the corner drug store for some gin. He refused with a single, curt nod of his head.

She tried to argue with him. He ignored her and she lost her temper. "Get some gin!" she yelled. "Get some gin, you bastard!"

Miss Lonelyhearts stood up. He had not yet found his message, but he had to say something. "Please don't fight," he pleaded. "He loves you, Mrs Doyle; that's why he acts like that. Be kind to him."

She grunted with annoyance and left the room. They could hear her slamming things around in the kitchen.

Miss Lonelyhearts went over to the cripple and smiled at him with the same smile he had used in the speakeasy. The cripple returned the smile and stuck out his hand. Miss Lonelyhearts clasped it, and they stood this way, smiling and holding hands, until Mrs Doyle reentered the room.

"What a sweet pair of fairies you guys are," she said.

The cripple pulled his hand away and made as though to strike his wife. Miss Lonelyhearts realized that now was the time to give his message. It was now or never.

"You have a big, strong body, Mrs Doyle. Holding your husband in your arms, you can warm him and give him life. You can take the chill out of his bones. He drags his legs out in areaways and cellars, carrying a heavy load of weariness and pain. You can substitute a dream of yourself for this load. A buoyant dream that will be like a dynamo in him. You can do this by letting him conquer you in your bed. He will repay you by flowering and becoming ardent over you..."

She was too astonished to laugh, and the cripple turned his face away as though embarrassed.

With the first few words Miss Lonelyhearts had known that he would be ridiculous. By avoiding God, he had failed to tap the force in his heart and had merely written a column for his paper.

He tried again by becoming hysterical. "Christ is love," he screamed at them. It was a stage scream, but he kept on. "Christ is the black fruit that hangs on the cross-tree. Man was lost by eating of the forbidden fruit. He shall be saved by eating of the bidden fruit. The black Christ-fruit, the love fruit..."

This time he had failed still more miserably. He had substituted the rhetoric of Shrike for that of Miss Lonely-hearts. He felt like an empty bottle, shiny and sterile.

He closed his eyes. When he heard the cripple say, "I love you, I love you," he opened them and saw him kissing his wife. He knew that the cripple was doing this, not because of the things he had said, but out of loyalty. "All right, you nut," she said, queening it over her husband. "I forgive you, but go to the drug store for some gin."

Without looking at Miss Lonelyhearts, the cripple took his hat and left. When he had gone Mrs Doyle smiled. "You were a scream with your fly open," she said. "I thought I'd die laughing."

He did not answer.

"Boy, is he jealous," she went on. "All I have to do is point to some big guy and say, 'Gee, I'd love to have him love me up.' It drives him nuts."

Her voice was low and thick and it was plain that she was trying to excite him. When she went to the radio to tune in on a jazz orchestra, she waved her behind at him like a flag.

He said that he was too tired to dance. After doing a few obscene steps in front of him, she sat down in his lap. He tried to fend her off, but she kept pressing her open mouth against his and when he turned away, she nuzzled his cheek. He felt like an empty bottle that is being slowly filled with warm, dirty water.

When she opened the neck of her dress and tried to force his head between her breasts, he parted his knees with a quick jerk that spilled her to the floor. She tried to pull him down on top of her. He struck out blindly and hit her in the face. She screamed and he hit her again and again. He kept hitting her until she stopped trying to hold him, then he ran out of the house.

MISS LONELYHEARTS ATTENDS A PARTY

Miss Lonelyhearts had gone to bed again. This time his bed was surely taking him somewhere, and with great speed. He had only to ride it quietly. He had already been riding for three days.

Before climbing aboard, he had prepared for the journey by jamming the telephone bell and purchasing several enormous cans of crackers. He now lay on the bed, eating crackers, drinking water and smoking cigarettes.

He thought of how calm he was. His calm was so perfect that he could not destroy it even by being conscious of it. In three days he had gone very far. It grew dark in the room. He got out of bed, washed his teeth, urinated, then turned out the light and went to sleep. He fell asleep without even a sigh and slept the sleep of the wise and the innocent. Without dreaming, he was aware of fireflies and the slop of oceans.

Later a train rolled into a station where he was a reclining statue holding a stopped clock, a coach rumbled into the yard of an inn where he was sitting over a guitar, cap in hand shedding the rain with his hump.

He awoke. The noise of both arrivals had combined to become a knocking on the door. He climbed out of bed. Although he was completely naked, he went to the door without covering himself. Five people rushed in, two of whom were women. The women shrieked when they saw him and jumped back into the hall.

The three men held their ground. Miss Lonelyhearts recognized Shrike among them and saw that he, as well as the others, was very drunk. Shrike said that one of the women was his wife and wanted to fight Miss Lonelyhearts for insulting her.

Miss Lonelyhearts stood quietly in the center of the room. Shrike dashed against him, but fell back, as a wave that dashes against an ancient rock, smooth with experience, falls back.

There was no second wave.

Instead Shrike became jovial. He slapped Miss Lonely-hearts on the back. "Put on a pair of pants, my friend," he said, "we're going to a party."

Miss Lonelyhearts picked up a can of crackers.

"Come on, my son," Shrike urged. "It's solitary drinking that makes drunkards."

Miss Lonelyhearts carefully examined each cracker before popping it into his mouth.

"Don't be a spoil-sport," Shrike said with a great deal of irritations. He was a gull trying to lay an egg in the smooth flank of a rock, a screaming, clumsy gull. "There's a game we want to play and we need you to play it. Everyman his own Miss Lonelyhearts.I invented it, and we can't play without you."

Shrike pulled a large batch of letters out of his pockets and waved them in front of Miss Lonelyhearts. He recognized them; they were from his office file.

The rock remained calm and solid. Although Miss Lonelyhearts did not doubt that it could withstand any test, he was willing to have it tried. He began to dress.

They went downstairs, and all six of them piled into one cab. Mary Shrike sat on his lap, but despite her drunken wriggling the rock remained perfect.

The party was in Shrike's apartment. A roar went up when Miss Lonelyhearts entered and the crowd surged forward. He stood firm and they slipped back in a futile curl. He smiled. He had turned more than a dozen drunkards. He had turned them without effort or thought. As he stood smiling, a little wave crept up out of the general welter and splashed at his feet for attention. It was Betty.

"What's the matter with you?" she asked. "Are you sick again?"

He did not answer.

When everyone was seated, Shrike prepared to start the game. He distributed paper and pencils, then led Miss Lonelyhearts to the center of the room and began his spiel.

"Ladies and gentlemen," he said, imitating the voice and gestures of a circus barker. "We have with us tonight a man whom you all know and admire. Miss Lonelyhearts, he of the singing heart——a still more swollen Mussolini of the soul.

"He has come here tonight to help you with your moral and spiritual problems, to provide you with a slogan, a cause, an absolute value and a meaning of existence.

"Some of you, perhaps, consider yourself too far gone for help. You are afraid that even Miss Lonelyhearts, no matter how fierce his torch, will be unable to set you on fire. You are afraid that even when exposed to his bright flame, you will only smolder and give off a bad smell. Be of good heart, for I know that you will burst into flame. Miss Lonelyhearts is sure to prevail."

Shrike pulled out the batch of letters and waved them above his head.

"We will proceed systematically," he said. "First, each of you will do his best to answer one of these letters, then, from your answers, Miss Lonelyhearts will diagnose your moral ills.Afterwards he will lead you in the way of attainment."

Shrike went among his guests and distributed the letters as a magician does cards. He talked continuously and read a part of each letter before giving it away.

"Here's one from an old woman whose son died last week. She is seventy years old and sells pencils for a living. She has no stockings and wears heavy boots on her torn and bleeding feet. She has rheum in her eyes. Have you room in your heart for her?

"This one is a jim-dandy. A young boy wants a violin. It looks simple; all you have to do is get the kid one. But then you discover that he has dictated the letter to his little sister. He is paralyzed and can't even feed himself. He has a toy violin and hugs it to his chest, imitating the sound of playing with his mouth. How pathetic! However, one can learn much from this parable. Label the boy labor, the violin capital, and so on..."

Miss Lonelyhearts stood it with the utmost serenity; he was not even interested. What goes on in the sea is of no interest to the rock.

When all the letters had been distributed, Shrike gave one to Miss Lonelyhearts. He took it, but after holding it for a while, he dropped it to the floor without reading it.

Shrike was not quiet for a second.

"You are plunging into a world of misery and suffering, peopled by creatures who are strangers to everything but disease and policemen. Harried by one, they are hurried by the other...

"Pain, pain, pain, the dull, sordid, gnawing, chronic pain of heart and brain. The pain that only a great spiritual liniment can relieve..."

When Miss Lonelyhearts saw Betty get up to go, he followed her out of the apartment. She too should see the rock he had become.

Shrike did not miss him until he discovered the letter on the floor. He picked it up, tried to find Miss Lonelyhearts, then addressed the gathering again.

"The master has disappeared," he announced, "but do not despair. I am still with you. I am his disciple and I shall lead you in the way of attainment. First let me read you this letter which is addressed directly to the master."

He took the letter out of its envelope, as though he had not read it previously, and began: "'What kind of a dirty skunk are you? When I got home with the gin, I found my wife crying on the floor and the house full of neighbors. She said that you tried to rape her you dirty skunk and they wanted to get the police but I said that I'd do the job myself you...'

"My, oh my, I really can't bring myself to utter such vile language. I'll skip the swearing and go on. 'So that's what all your fine speeches come to, you bastard, you ought to have your brains blown out.' It's signed, 'Doyle.'

"Well, well, so the master is another Rasputin. How this shakes one's faith! But I can't believe it. I won't believe it. The master can do no wrong. My faith is unshaken. This is only one more attempt against him by the devil. He has spent his life struggling with the arch fiend for our sakes, and he shall triumph. I mean Miss Lonelyhearts, not the devil.

"The gospel according to Shrike. Let me tell you about his life. It unrolls before me like a scroll. First, in the dawn of childhood, radiant with pure innocence, like a rain-washed star, he wends his weary way to the University of Hard Knocks. Next, a youth, he dashes into the night from the bed of his first whore. And then, the man, the man Miss Lonelyhearts--struggling valiantly to realize a high ideal, his course shaped by a proud aim. But, alas! cold and scornful, the world heaps obstacle after obstacle in his path; deems he the goal at hand, a voice of thunder bids him 'Halt!' 'Let each hindrance be thy ladder,' Thinks he. 'Higher, even higher, mount!' And so he climbs, rung by weary rung, and so he urges himself on, breathless with hallowed fire. And so..."

MISS LONELYHEARTS AND THE PARTY DRESS

When Miss Lonelyhearts left Shrike's apartment, he found Betty in the hall waiting for the elevator. She had on a light-blue dress that was very much a party dress. She dressed for things, he realized.

Even the rock was touched by this realization. No; it was not the rock that was touched. The rock was still perfect. It was his mind that was touched, the instrument with which he knew the rock.

He approached Betty with a smile, for his mind was free and clear. The things that muddied it had precipitated out into the rock.

But she did not smile back "What are you grinning at?" she snapped.

"Oh, I'm sorry," he said. "I didn't mean anything."

They entered the elevator together. When they reached the street, he took her arm although she tried to jerk away.

"Won't you have a soda, please?" he begged. The party dress had given his simplified mind its cue and he delighted in the boy-and-girl argument that followed.

"No; I'm going home."

"Oh, come on," he said, pulling her towards a soda fountain. As she went, She unconsciously exaggerated her little-girl-in-a-party-dress air.

They both had strawberry sodas. They sucked the pink drops up through straws, she pouting at his smile, neither one of them conscious of being cute.

"Why are you mad at me, Betty? I didn't do anything. It was Shrike's idea and he did all the talking."

"Because you are a fool."

"I've quit the Miss Lonelyhearts job. I haven't been in the office for almost a week."

"What are you going to do?"

"I'm going to look for a job in an advertising agency."

He was not deliberately lying. He was only trying to say what she wanted to hear. The party dress was so gay and charming, light blue with a frothy lace collar flecked with pink, like the collar of her soda.

"You ought to see Bill Wheelright about a job. He owns an agency——he's a swell guy...He's in love with me."

"I couldn't work for a rival."

She screwed up her nose and they both laughed.

He was still laughing when he noticed that something had gone wrong with her laugh. She was crying.

He felt for the rock. It was still there; neither laughter nor tears could affect the rock. It was oblivious to wind or rain.

"Oh..." she sobbed. "I'm a fool." She ran out of the store.

He followed and caught her. But her sobs grew worse and he hailed a taxi and forced her to get in.

She began to talk under her sobs. She was pregnant. She was going to have a baby.

He put the rock forward and waited with complete poise for her to stop crying. When she was quiet, he asked her to marry him.

"No," she said. "I'm going to have an abortion."

"Please marry me." He pleaded just as he had pleaded with her to have a soda.

He begged the party dress to marry him, saying all the things it expected to hear, all the things that went with strawberry sodas and farms in Connecticut. He was just what the party dress wanted him to be: simple and sweet, whimsical and poetic, a trifle collegiate yet very masculine.

By the time they arrived at her house, they were discussing their life after marriage. Where they would live and in how many rooms. Whether they could afford to have the child. How they would rehabilitate the farm in Connecticut. What kind of furniture they both liked.

She agreed to have the child. He won that point. In return, he agreed to see Bill Wheelright about a job. With a great deal of laughters, they decided to have three beds in their bedroom. Twin beds for sleep, very prim and puritanical, and between them a love bed, an ornate double bed with cupids, nymphs and Pans.

He did not feel guilty. He did not feel. The rock was a solidification of his feeling, his conscience, his sense of reality, his self-knowledge. He could have planned anything. A castle in Spain and love on a balcony or a pirate trip and love on a tropical island.

When her door closed behind him, he smiled. The rock had been thoroughly tested and had been found perfect. He had only to climb aboard the bed again.

MISS LONELYHEARTS HAS A RELIGIOUS EXPERIENCE

After a long night and morning, towards noon, Miss Lonelyhearts welcomed the arrival of fever. It promised heat and mentally unmotivated violence. The promise was soon fulfilled;the rock became a furnace.

He fastened his eyes on the Christ that hung on the wall opposite his bed. As he stared at it, it became a bright fly, spinning with quick grace on a background of blood velvet sprinkled with tiny nerve stars.

Everything else in the room was dead--chairs, tables, pencils, clothes, books. He thought of this black world of things as a fish. And he was right, for it suddenly rose to the bright bait on the wall. It rose with a splash of music and he saw its shining silver belly.

Christ is life and light.

"Christ! Christ!" This shout echoed through the innermost cells of his body.

He moved his head to a cooler spot on the pillow and the vein in his forehead became less swollen. He felt clean and fresh. His heart was a rose and in his skull another rose bloomed.

The room was full of grace. A sweet, clean grace, not washed clean, but clean as the inner sides of the inner petals of a newly forced rosebud.

Delight was also in the room. It was like a gentle wind, and his nerves rippled under it like small blue flowers in a pasture.

He was conscious of two rhythms that were slowly becoming one. When they became one, his identification with God was complete. His heart was the one heart, the heart of God.And his brain was likewise God's.

God said, "Will you accept it, now?"

And he replied, "I accept, I accept."

He immediately began to plan a new life and his future conduct as Miss Lonelyhearts. He submitted drafts of his column to God and God approved them. God approved his every thought.

Suddenly the door bell rang. He climbed out of bed and went into the hall to see who was coming. It was Doyle, the cripple, and he was slowly working his way up the stairs.

God had sent him so that Miss Lonelyhearts could perform a miracle and be certain of his conversion. It was a sign. He would embrace the cripple and the cripple would be made whole again, even as he, a spiritual cripple, had been made whole.

He rushed down the stairs to meet Doyle with his arms spread for the miracle.

Doyle was carrying something wrapped in a newspaper. When he saw Miss Lonelyhearts, he put his hand inside the package and stopped. He shouted some kind of a warning, but Miss Lonelyhearts continued his charge. He did not understand the cripple's shout and heard it as a cry for help from Desperate, Harold S., Catholic-mother, Brokenhearted, Broad-shoulders, Sick-of-it-all, Disillusioned-with-tubercular-husband. He was running to succor them with love.

The cripple turned to escape, but he was too slow and Miss Lonelyhearts caught him.

While they were struggling, Betty came in through the street door. She called to them to stop and started up the stairs. The cripple saw her cutting off his escape and tried to get rid of the package. He pulled his hand out. The gun inside the package exploded and Miss Lonelyhearts fell, dragging the cripple with him. They both rolled part of the way down the stairs.

THE END

图书在版编目（CIP）数据

寂寞芳心小姐：汉英对照 /（美）纳撒尼尔 · 韦斯特著；李宜屏译. —北京：北京联合出版公司，2017.4
ISBN 978-7-5502-9990-0

Ⅰ. ①寂… Ⅱ. ①纳… ②李… Ⅲ. ①英语 – 汉语 – 对照读物 ②长篇小说 – 美国 – 现代 Ⅳ. ① H319.4：I

中国版本图书馆 CIP 数据核字（2017）第 062973 号

寂寞芳心小姐
作　　者：〔美〕纳撒尼尔·韦斯特
译　　者：李宜屏
责任编辑：牛炜征
封面设计：Odding
版式设计：李春永

北京联合出版公司出版
（北京市西城区德外大街 83 号楼 9 层 100088）
河北鹏润印刷有限公司印刷　新华书店经销
字数 129 千字　787 毫米 ×1092 毫米　1/32　9.25 印张
2017 年 5 月第 1 版　2017 年 5 月第 1 次印刷
ISBN 978-7-5502-9990-0
定价：36.00 元